献给中国石油集团经济技术研究院（国家高端智库）

献给我的父亲、妻子和女儿

序　言
Preface

共建"一带一路"十周年：要从大处着眼抓好十个"大"，更要从小处着手做好十个"小"

2013年9月7日，中国国家主席习近平在哈萨克斯坦纳扎尔巴耶夫大学发表重要演讲时，提出共建"丝绸之路经济带"。不到一个月，10月3日，习近平主席在印度尼西亚国会演讲时，提出共建"21世纪海上丝绸之路"倡议。至此，共建"一带一路"的画卷徐徐展开。

2023年9月7日，是共建"一带一路"整整十年的重要日子。过去的十年，是共建"一带一路"从"大写意"到"工笔画"的十年，是从谋篇布局到走深走实的十年，是从最初64个国家扩展到152个国家的十年，是全力构建"六廊六路多国多港"的十年，也是从"政府搭台、企业唱戏"到"以企业为主体、遵循市场化法则"的十年。十年在历史长河中只是弹指一挥间，但于中国而言却是非同寻常的时光。

曾国藩说过："大处着眼，小处着手。"不错，推进"一带一路"合作，战略上要从大处着眼，战术上要从小处着手。本书从国家与能源合作层面，提出高质量共建"一带一路"要从大处着眼抓好十个"大"，但更要从小处着手做好十个"小"。

所谓"大"，就是"一带一路"建设作为中国对外开放和对外合作的"管总规划"，作为当今世界最大的经济合作平台，作为推进构建人类命运共同体的桥梁和纽带，它是宏观性、国际性的，具备"大"的特征。

所谓"小"，就是"一带一路"建设要注重细节，要高质量高标准惠民生，要"小而美"。共建"一带一路"要取得成功，关键要关注"小"。

那么十个"大"是什么，十个"小"又是什么，一一阐述如下。

大处着眼：抓好十个"大"

第一，大传承。共建"一带一路"充满着大智慧，是数千年来中华文明与世界其他文明交流互鉴的传承。从公元前2世纪张骞出使西域到公元15世纪初郑和下西洋，再到20世纪下半叶以来中国与中东、东南亚一带国家的经济合作与交往，2000多年的漫长岁月里，中国与亚、非、欧各国之间长期活跃着一条因丝绸、瓷器而著称的贸易通道。在古代，它就是举世闻名的"丝绸之路"，在当代，它就是"一带一路"。它是一条贸易之路，文明交流和传承之路。

第二，大环境。共建"一带一路"的内涵在"五通"，即政策沟通、设施联通、贸易畅通、资金融通、民心相通。其中政策沟通和民心相通说白了就是体制机制和文化文明的沟通，归根结底就是文化文明的沟通。只有文化文明进行深度沟通，并达成共识，"一带一路"各节点国家的商业环境、政策框架才能发挥协同效益，才能营造出共建"一带一路"的大环境。共建"一带一路"实施以来，在中亚俄罗斯地区、中东北非地区、亚太地区的"大环境"已逐步营造起来。但近年来，由于大国竞争和中美战略对抗加剧，共建"一带一路"的大环境出现波折。

第三，大外交。任何一项大的国际倡议提出后，要想把它变成现实，是需要一系列外交动员的。这就像联合国和G20机制，或者上合机制和金砖机制，要真正发挥作用，需要通过元首峰会、部长级会议以及各领域的论坛等活动，固化合作成果。这需要通过"大外交"来实现，共建"一带一路"也不例外。十年来，中国相继于2017年5月和2019年4月分别举办了第一届和第二届"一带一路"国际合作高峰论坛，成为当年首屈一指的主场外交活动。同时，过去十年还举办了各领域、各种主题、国内各相关省市的"一带一路"外交外事活动。第三届"一带一路"国际合作高峰论坛于2023年10月召开。

第四，大系统。需要以工程思维和系统思维推进"一带一路"合作。主要是在推进共建"一带一路"过程中，要注重其整体性、结构性、立体性和动态性。整体性体现在顶层设计，因此，国家于2015年对外发布了《推动共建丝绸之路经济带和21世纪海上丝绸之路的愿景与行动》。结构性体现在政府、企业、民间机构、学术研究机构（以及智库）在共建"一带一路"上各司其职、相得益彰。立体性既体现在上文提到的"五通"，又体现在"六廊六路多国多港"的立体感。动态性体现在"一带一路"合作因地制宜，一国一策。系统的灵魂在于其韧性。因此，面对愈加不确定的外部环境，"一带一路"合作要提升其系统韧性。

第五，大对接。共建"一带一路"的大对接主要有多边和双边两个层面。一方面是"一带一路"作为一项合作倡议，需要与沿线国家的类似倡议和战略规划进行对接。比如，过去十年，"一带一路"倡议与"欧亚经济联盟"和"大欧亚伙伴关系"进行了有效对接，其成果之一就是中俄企业成功共建了俄罗斯亚马尔液化天然气（LNG）项目和北极LNG-2项目；再如，"一带一路"倡议与伊拉克的战后重建计划有效对接，中国能源企业有效参与了伊拉克数个大型特大型油田项目的开发，成为伊拉克最大的外国投资者，将伊拉克的石油产量水平由2003年的100万桶/日左右提升至2022年的450万桶/日左右。另一方面是国内省市与周边国家的经贸合作对接,比如,将新疆定位为"丝绸之路经济带核心区",与中亚五国充分对接,打造我国向西开放的"桥头堡"。

第六,大工程。共建"一带一路"是需要大工程和超级工程做支撑的,就像人体需要骨干一样,有了大工程,共建"一带一路"才能立起来。十年来,以能源和基础设施建设领域为例,在中亚俄罗斯地区,通过多双边合作,构建完善了中亚天然气管道这一途经土库曼斯坦、乌兹别克斯坦、哈萨克斯坦和中国的超级天然气枢纽工程,截至2022年底,中亚天然气管道已累计向中国输送天然气超过4500亿立方米;在亚太地区,中缅油气管道工程、雅万高铁(印度尼西亚雅加达至万隆)是名副其实的大工程;在非洲,蒙内铁路(肯尼亚蒙巴萨至内罗毕),面向中国消费市场的莫桑比克特大型天然气田的开发亦是特大型工程;在拉丁美洲,国家电网公司参与建设的巴西美丽山特高压输电项目更是闻名遐迩的大工程。最为突出的,中欧班列作为共建"一带一路"的旗舰项目和明星班列,其线路已达84条,通达欧洲25个国家和211个城市,成为沿途国家促进互联互通、提升经贸合作水平的"钢铁驼队"。

第七,大走廊。主要指共建"一带一路"的六大经济走廊。首推中巴经济走廊。来自中国驻巴基斯坦大使馆的数据显示,截至2022年底,中巴经济走廊累计为巴基斯坦带来直接投资254亿美元,累计创造23.6万个就业岗位,帮助巴基斯坦新增510千米高速公路、8000兆瓦电力和886千米国家核心输电网。十年来,中巴经济走廊建设取得丰硕成果,成为中巴友谊"新标杆"。巴基斯坦各界认为,走廊不仅创造了多重发展红利,也真正践行了共商共建共享的全球治理观。其他的经济走廊,在过去的十年也是硕果累累,新亚欧大陆桥、中蒙俄、中国—中亚—西亚、中国—中南半岛、孟中印缅都有重大进展。

第八,大动脉。大动脉主要指共建"一带一路"的铁路、公路、空路(航空）、管路（油气管道）、电路（电网）、网路（互联网和数智化）这几条有形的和无形的"路"，它们就像人体系统的"主动脉"，让共建"一带一路"这个系统的"血液"流通起来。十年来，喀喇昆仑公路不断升级改造，中老铁路、雅万高铁成为共建"一带一路"靓丽的名片，跨越我国西北、东北（中俄）、西南的陆上油气管道成为共建"一带一路"的旗舰工程，数字丝路、特高压电网，乃至中国移动公司推出了"一带一路"国家国际漫游费用折扣包等等，共建"一带一路"的立体化动脉已然形成。

第九，大平台。习近平主席数次指出，共建"一带一路"是全球经济合作的重要平台。党的二十大报告指出，共建"一带一路"成为深受欢迎的国际公共产品和国际合作平台。共建"一带一路"至少具有这几个"平台"功能：投融资平台、数字与移动互联（大数据）平台、科技创新平台、绿色发展与生态环保平台、健康平台和人文交流平台。比如，于投融资平台而言，加强"一带一路"资金融通，一方面需要按照市场规则、利用国际金融市场筹集大量资金；另一方面需要促进相关国家在经常项下和资本项下实现本币兑换和结算，降低流通成本，增强抵御金融风险能力。这方面，香港、上海、深圳等作为典型的具有投融资共通的平台，将会发挥更大作用。

第十，大挑战。共建"一带一路"绝不可能顺顺当当、敲锣打鼓就能成功。这几年，共建"一带一路"面临的外部风险挑战越来越多，特别是百年未有之大变局加速演进叠加气候变化与能源转型，导致一系列"风高浪急"甚至是"惊涛骇浪"的挑战。共建"一带一路"的核心是"安全"，因此，党和国家才一而再再而三强调"安全发展"。具体而言，至少以下几种安全风险是我们在推进过程中必须面对和解决的：一是大国博弈、地缘政治冲突对"一带一路"合作项目带来的"战略安全"风险；二是强人政治时代变迁引发政局动荡而导致的"政治安全"风险，其中最为典型的就是哈萨克斯坦这一共建"一带一路"的枢纽地区，由于2022年1月哈萨克斯坦发生骚乱事件，第一任总统纳扎尔巴耶夫下台，给中哈合作带来了一系列影响；三是东道国对外合作政策变化、国家政策调整对合作项目产生的"经济安全"风险；四是沿线国家大选、政府更迭甚至政变导致的"政局安全"风险，比如2023年以来发生的苏丹军事冲突以及尼日尔、加蓬政变给中资企业当地运营带来的风险；五是沿线国家极端势力和暴力恐怖袭击引发的"人身安全"风险。

小处着手：做好十个"小"

以上是共建"一带一路"的十个"大"。"大处着眼"固然重要，但"小处着手"更重要。大处着眼是战略和方向，小处着手是战术和策略。"一带一路"油气合作要想取得成功，就必须从小处着手。

第一，树立小目标。共建"一带一路"，每个参与的企业和机构，作为市场主体，应树立自己的"小"目标，做好分国别的调查研究，弄清楚自己在"一带一路"地区节点国家的优势、劣势，面临的机遇与挑战，在此基础上，制订切实可行的目标，并尽量设置达成目标的路径。可以分近中远期目标，但目标的核心切忌空洞，最重要的就是要高质量发展，要能盈利，或者至少是在看得见钱影子的地方投资。

第二，立足小范围。在谋划如何参与"一带一路"建设时，一定不要随大流，不能跟风，更不能以社会舆论的导向、新闻媒体的宣传和专家学者的推荐作为自己决策的依据，而是在把握市场动向的基础上，关起门来，问问自己，问问自己的核心团队，有没有必要参与"一带一路"建设或者参与到什么程度。要真正找到与本企业匹配的细分市场，范围小一点，切忌一下子将摊子铺得太大而导致资金链断裂。

第三，始于小项目。小项目风险可控，即便失败了，也有回头的余地。"一带一路"沿线国家大多市场化程度低、基础设施差、交易规则欠透明，一些国家存在着较高安全风险，一些国家政府干预和官员腐败现象比较严重。这时候，比较稳妥的做法就是以投资少、资金回笼快、成熟度高的小项目为突破口，先试试水，再滚动发展。于石油企业而言，特别是民企，资金和技术实力不如央企，一定要有先后顺序。比如，先从成熟度高的中小型待开发或老油田提高采收率项目开干，最好先不要碰风险勘探项目、深水项目或大型油田建设项目。滚动、渐进式发展最重要。

第四，注重小设计。设计是合作项目的源头，往往更加重要。注重源头，就是注重项目的设计方案，要从概念设计和详细设计抓起。统计显示，一个项目的详细设计一旦确定，后续95%左右的投资和工作量基本确定。好的设计绝对是"事半功倍"，否则，后续花费再多的力量，也难以挽回项目在设计上的"先天性"缺陷。另外，在一个项目整体设计框架下，一个个细分的小型"设计包"也很重要。总之，小设计牵动着大投资。尤其共建"一带一路"过程中，由于投资或经营环境不确定性普遍较高，把握好源头显得更加重要，一定要改变轻设计方案、重建设运营的做法。

第五，推敲小条款。合同条款是项目执行的"宪法"。如前所述，"一带一路"沿线大多国家市场欠发达，透明与合规程度都较低，这时候，合同条款的清晰程度对维系项目运营、保护投资者利益发挥着决定性作用。因此，对合同条款一定要舍得花时间去推敲，力争做到"吃干榨净"。例如，对于"不可抗力"条款，"一带一路"沿线国家普遍投资环境风险较高，均存在不同程度的政治、经济、社会和安全风险。这时，于中方投资者而言，不可抗力的类别和事项一定要界定清楚，可针对当地情况，力争将一些不可控事项纳入不可抗力。再如，合同中的仲裁条款也要特别留意，力争实现在具有国际公信力的第三国仲裁，而不是本地仲裁或对方的友好国家仲裁。

第六，研提小策略。于"一带一路"合作项目而言，项目经营策略的研提和落实是重中之重。项目经营策略一定是个性的、差异化的，是基于项目技术和经济评价的定量分析，最终以量化的手段实现量化的成果。当地市场利率、汇率、税率，项目本身债务架构、股权架构、资本成本等，都是项目经营策略要考虑的范畴。鉴于项目经营策略的"小"和差异性，在研提或优化项目策略时，一定要细化不同情景、不同国别下的应对策略，做到异项目异策略。项目经营策略的深度最能体现一个企业的竞争能力、专业性、工匠精神和精细管理程度。

第七，严控小问题。"千里之堤，溃于蚁穴"，在"一带一路"搞项目投资和建设，一定要重视和严控各类"小问题"，稍有不慎，小问题就会酿成大风险，甚至是无法挽回的损失。项目建设和运营过程中，典型的小问题主要包括：一是一些不起眼工程段的质量，最好的办法就是聘请具有国际资质的监理公司，采用"EPC+PMT+PMC"（工程设计采购建设＋项目管理团队＋项目咨询监理团队）三位一体项目管理模式，由独立第三方把控工程质量；二是采办过程中的设备标准不统一的问题，要未雨绸缪，提前预判和筹划与标准对接，否则会大大影响项目进度和工期；三是重视"当地含量、当地化比例"，多数项目合同条款均规定了投资方要注重当地市场采购、当地承包商、服务商、供应商的使用和当地员工的雇用，并明确了当地化比例（有些比例是随时间而变化的），投资方或总包方对此特别给予重视，杜绝一味用自己人、用母国设备物资的现象，多多换位思考，免得遭政府频繁稽查和当地法院起诉；四是关注关爱员工，特别是关注当地员工的个人诉求，哪怕项目上只有一名伊斯兰员工，原则上也要建立一间"祷告室"，满足当地员工的宗教信仰需求。

第八，深入小地方。以油气项目为例，油气项目与基础设施、产业园区项目不一样，往往地处偏远地带，可能在沙漠腹部，也可能在热带丛林，还可能在偏远的海滩，项目所在地要么荒无人烟，要么与一些当地少数民族的部落、村落，或是被政府忽视的社区相连。这种情况下，项目建设运营能否成功往往取决于项目管理人员"接地气"的程度。要深入当地部落、村落、社区了解当地风土人情，不要破坏当地风俗和一些"潜规则"，更重要的是，了解当地对道路使用、水源使用、环保、排放、扬尘、噪音等诸多问题的约束。有些国家的项目建设所在地虽然基础设施差，甚至处于原始状态，但由于过去曾是英法等国的殖民地，对环保、可持续发展等事项的规定比我们国内还细、严，甚至不亚于发达国家。这种情况，投资建设方务必小心谨慎，避免一不小心掉进"环保陷阱"，牵涉进"社区部落纠纷"而遭遇长时间诉讼或天价罚款。

第九，处好小关系。"一带一路"沿线国家大多为伊斯兰国家，伊斯兰国家的一个特点是"大部落、小国家"，在大多数当地人看来，忠于自己的部落、酋长和族长是第一位的，其次才有祖国和国家总统、总理的概念。这告诉我们，在项目启动、建设和运营过程中，不要有思维定式，以为搞好与该国中央政府、项目所在地方政府的关系就万事大吉了，实际上，处理好与项目所在地的部落首长、各类协调人的关系才是最重要的。

第十，关注小人物。共建"一带一路"要做好民心相通，民心相通在宏观层面是文明的交汇、跨文化沟通，在微观层面就是关注小人物，关注关爱当地的小人物，因为关注他们就是关注我们自己。而且从传播学的角度讲，一个大人物对项目建设的成就夸夸其谈的传播效果和说服力，可能远远比不上项目上一个当地小人物讲述的关于该项目的一个小故事、小插曲更具感染力和亲和力。比如，在一个项目工作的小人物，讲述了自己参与项目的心路历程，讲述该项目给他带来的成长的价值、给他的家庭带来的物质保障和家庭幸福，可能要比一些无聊的数据和夸夸其谈的可持续发展贡献来得生动和更具感染力。少了小人物这个"点"，是构不成大项目这个"面"的。

总之，共建"一带一路"，需要仰望星空，更需要脚踏实地，除了大处着眼，更多是要小处着手。把各类"小事"做好了，"一带一路"建设才有了根基，才能水到渠成。

是为序。

陆如泉

2023 年 9 月 7 日

目 录
Contents

第一章 "一带一路"能源合作回顾与展望 ……………………1

"一带一路"油气合作取得的成果 ………………………………… 3
"一带一路"油气合作的经验和启示 ……………………………… 8
"一带一路"油气合作形势 ………………………………………… 14
"一带一路"油气合作举措与建议 ………………………………… 17

第二章 "一带一路"能源合作实现包容性发展 ……………… 23

包容性现实主义：共建"一带一路"的国际关系理论解读 …………… 25
共建"一带一路"：一种包容性的经济全球化路径 ……………………… 29
高质量共建"一带一路"关键要看这五大转变 ………………………… 33
中国推进"一带一路"是对现有国际秩序的颠覆吗？ ………………… 38
"一带一路"能源合作实现包容性发展的十大黄金法则 ……………… 41
共建"一带一路"有了新定位，企业界人士准备好了吗？ …………… 53
第三次"一带一路"建设座谈会，释放出哪些重要的信号？ ………… 55
"一带一路"这十年：中企践行"耐心资本"合作运营模式才是真神 … 61
"一带一路"的"工笔画"：关键是管控好这六类安全风险 ………… 66

i

第三章 "双循环"发展格局下的"一带一路"能源合作 ……… 73

"双循环"发展格局的内涵与特点……………………………… 76
中国油气行业具有参与"双循环"的良好基础……………………… 78
"双循环"与"一带一路"协同分析…………………………………… 81
"双循环"与"一带一路"在国家及能源行业层面协作机制详解……… 101
"双循环"与"一带一路"协同下我国能源企业国际化战略调整建议…… 106

第四章 共建"一带一路"的新领域——"冰上丝绸之路" ……… 111

北极区域的开发与治理现状…………………………………………… 114
中俄两国的北极政策…………………………………………………… 116
"冰上丝绸之路"的概念及提出过程…………………………………… 119
"冰上丝绸之路"油气资源勘探与开发情况…………………………… 121
"冰上丝绸之路"的油气资源运输……………………………………… 130
相关政策建议与思考…………………………………………………… 137

第五章　对当前"一带一路"油气管道安全形势的观察与思考……… 141

跨境油气管道安全的内涵………………………………………… 143
全球跨境油气通道基本情况与安全形势………………………… 148
"一带一路"跨境油气管道安全情况分析………………………… 154
有关启示…………………………………………………………… 158

第六章　如何破解共建"一带一路"所遭遇的污名化…………… 161

"一带一路"建设"中国债务陷阱论"的出现及演进……………… 165
对债务陷阱的总体研判和案例分析……………………………… 170
债务陷阱的深层次原因分析……………………………………… 177
应对"中国债务陷阱论"的思考及建议…………………………… 186

附录　"一带一路"能源合作十周年高端对话访谈 ……………… 191
跋 …………………………………………………………………… 229
参考文献 …………………………………………………………… 237

第一章

"一带一路"能源合作回顾与展望

第一章
"一带一路"能源合作回顾与展望

1993年，中国石油天然气总公司（本书简称"中国石油"）等一批石油央企积极落实国家战略，扬帆出海，开启国际油气合作征程。经过多年实践，中国能源企业在油气合作规模、合作领域、合作模式上都取得了重要成果。2013年，习近平主席提出共建"一带一路"重大倡议，给国际油气合作开辟了新空间。十年来，中国企业海外油气合作成为推进"五通"（政策沟通、设施联通、贸易畅通、资金融通、民心相通）建设、深化中国与"一带一路"沿线国家合作交流的重要载体，取得系列新突破。

"一带一路"油气合作取得的成果

油气合作是"一带一路"能源资源开发的核心组成部分。过去十年，中国企业在"一带一路"沿线26国投资了100余个油气项目，2022年作业产量2.7亿吨，占海外总产量的70%。十年间，中国企业在海外投资开发圭亚那Liza油田、巴西里贝拉盐下超深水油田、伊拉克米桑油田等，建成俄罗斯亚马尔液化天然气（LNG）、沙特阿拉伯延布炼厂等标志性项目，打造新一批"中国名片"。"一带一路"油气合作不断走深走实，围绕"硬联通、软联通和心联通"取得了一系列丰硕成果。

带动了跨国能源基础设施互联互通

中国企业积极推动区域能源基础设施互联互通建设,持续优化完善横跨我国西北的中亚天然气管道、中哈原油管道,东北的中俄原油管道、中俄东线天然气管道,西南的中缅油气管道和东部海上的四大油气战略通道。建成横跨中国西北、东北、西南三大陆上油气运输通道,总长度超过1万千米,合计原油运输能力7200万吨/年,天然气运输能力1050亿米^3/年,海上通道建成LNG接收站27座,接收能力达到1.2亿吨/年。这些油气通道将资源国、过境国和消费国紧密连接在一起,大幅提升了油气资源开发利用水平。其中,中国石油的中亚天然气管道、俄罗斯亚马尔液化天然气项目、尼日尔上下游一体化项目等在2021年"一带一路"能源部长会议上荣获能源合作最佳实践案例,中国石化投资的沙特阿拉伯延布炼厂成为"一带一路"建设的标志性项目,为推动油气进口多元化、确保中国能源安全和带动沿线国家经济社会发展做出了重大贡献。

巩固了"一带一路"油气合作基础

中国石油企业积极推进与共建"一带一路"国家在油气上下游全产业链的深入合作,已形成了从上游勘探开发、油气贸易到工程技术装备和运输的全产业链全方位合作。截至2022年底,中国石油企业在"一带一路"沿线上游投资项目超过100个,总油气产量接近1.4亿吨油当量,占中国企业海外油气总产量的比例超过70%。中国石油海外千万吨级大型油气生产项目的80%位于"一带一路"区域;中国石化在安哥拉、埃及、俄罗斯、哈萨克斯坦等国家投资规模较大,油气产量稳定,是境外油气合作的重点区域;中国海油则以LNG接收站建设为抓手,推动东南亚、南亚"一带一路"沿线国家天然气市场开拓。

第一章
"一带一路"能源合作回顾与展望

十年来,中国石油企业积极开拓境外石油工程技术服务市场,取得了瞩目的成绩。中国石油、中国石化已成为沙特阿拉伯、科威特和厄瓜多尔国家石油公司最大陆上钻井承包商,阿尔及利亚国家石油公司最大的国际地球物理承包商。中国石化的炼化工程板块在境外十多个国家开展工程承包合作。中国海油的油服公司提供一体化整装总承包作业服务,业务已拓展至亚太、中东、美洲、欧洲、非洲、远东等区域。中油技服不断提升竞争创效能力和服务保障能力,业务分布于50多个国家和地区,涵盖物探、钻井、测井等石油工程技术全产业链,服务全球300多个油公司。中国海油境外石油工程在"一带一路"沿线30个国家执行项目合同314个,合同额169.9亿美元,为约20个"一带一路"国家提供油田与工程专业技术服务。中国公司承建的多项工程荣获中国建设工程鲁班奖(境外工程)。

除工程服务合作外,中国石油企业也在装备领域开展了大量国际合作。既包括中国石油、中国石化的装备制造企业,也包括山东杰瑞、科瑞等民营企业,其高端钻机、压裂设备等装备出口俄罗斯和南美洲、中东等国家和地区。在合作模式上,从单一产品出口,到成套设备出口,再到"装备+服务"一体化合作,持续延伸和提升价值链,培育新增长点、形成新动能。

在油气贸易领域,中国企业持续扩大国际贸易规模,提升全球市场影响力。其中,中国石油在31个国家和地区建立了贸易营销网络,已形成涵盖全球油气贸易和配套商业炼厂、仓储、物流、港口的"大贸易"体系,实现了贸易价值链上资源掌控和优化。中国石化原油贸易充分发挥国内外一体化采购优势和国际化贸易团队力量,建立全球化运作机制,积极开拓新的进口原油资源;LNG贸易从全球视野布局LNG资源,积极参与国际LNG贸易,加大海外天然气资源获取力度,资源来源进一步多元化;成品油贸易则根据国内成品油市场平衡情况，合理安排成品油进出口总量和品种结构。

构建了油气领域双多边合作交流平台

中国组织召开两届"一带一路"能源部长会议，与32个国家联合宣布建立"一带一路"能源合作伙伴关系。中国石油企业强化与共建"一带一路"重点国家和战略伙伴的政策协调对接，与俄罗斯、哈萨克斯坦、阿联酋、伊拉克、阿曼等国签订了一批重要合作协议，开发了一批重点合作项目，中标了一批重大工程；持续加强与金砖国家工商理事会（BRICS BC）、世界石油理事会（WPC）、国际天然气联盟（IGU）、国际能源论坛（IEF）、油气行业气候倡议组织（OGCI）、石油输出国组织（OPEC）、国际能源署（IEA）等重要国际组织、行业学会更深层次的交流与合作，积极支持和推荐优秀人才在重要国际组织和学会任职，不断提升全球能源治理体系的参与度与话语权。同时，形成了较为完善的资金融通体系，通过持续推进海外项目与亚投行（亚洲基础设施投资银行）、丝路基金等国内外金融平台的紧密合作，及时获得安全高效低成本的融资授信额度，确保了"一带一路"重大产能建设项目顺利推进。

实现了"一带一路"油气合作政策对接

中国企业对接沿线重点国家战略规划，推动了"一带一路"油气技术、标准对接。例如，吉尔吉斯斯坦中亚天然气管道建设采用了中国企业起草的《输气管道工程设计规范》，塔吉克斯坦在中亚D线管道工程中完全采用了中国隧道勘测、设计施工和验收等的专项标准，编制了天然气管道隧道勘测标准CTY-PT10-2016，并在塔吉克斯坦完成注册，推动中亚管道顺利高效建设。积极推动与共建国家油气技术、标准和规范的兼容、互认和对接。同时还有14项中国石油企业标准转化为吉尔吉斯斯坦国家标准；在土库曼斯坦，中国石油针对当地复杂地质条件，开展技术集成与融合创新，形成了"高压次生浅层气藏钻井技术"等17项钻井特色技术，攻克了一系列世界级钻井技术难题。

树立了"一带一路"油气合作民心相通良好形象

中国企业在境外合作切实践行"人类命运共同体"理念，在油气合作中积极履行社会责任，帮助实施民生工程，加强人文交流和员工培训，注重环境保护，致力与当地社区和谐共处。中国企业在"一带一路"油气合作国家累计上缴税费超过2000亿美元，带动大量当地就业，有力推动了当地经济社会发展。中国企业积极融入当地，开展公益事业，支持社区发展，惠及人口超5000万。例如，中国石化进入沙特阿拉伯以来，尊重和保护当地文化，与社区共建"幸福的沙漠"。中国石化利用其设备和施工经验，承建了沙特阿拉伯农业部历史上最大的水循环再利用项目，日净化20万立方米生活污水，将净水输送至附近最大的农业灌溉区，达地区灌溉用水量45%，解决了该区域椰枣种植户缺水问题，惠及人口逾100万，为沙特阿拉伯农业发展做出了积极贡献。中国石油在海外建设运营中注重培养当地供应商和承包商，带动当地经济和企业共同发展，多次被哈萨克斯坦、尼日尔、乍得等多国元首盛赞为双边合作的典范。中国海油在乌干达的首个社区供水和卫生改善项目成功为布胡卡地区提供安全清洁的饮用水，投资修建的跨崖公路成为当地首条也是截至目前唯一一条跨崖公路，促进了当地人、财、物与外界的有效沟通，方便居民求医、就业、求学，彻底结束了村里无公路可通的历史。

"一带一路"油气合作的经验和启示

中国石油企业已经走出一条合作共赢的油气合作之路，取得了以下四条主要经验。

坚持战略对接是油气合作的基本前提

"一带一路"倡议与资源国的重大战略对接推动构建了能源合作利益共同体，元首外交与高层会晤推动了重大油气合作项目的签署和建设。10年来，"一带一路"倡议与"欧亚经济联盟"、俄罗斯北极发展战略相对接，促成了亚马尔液化天然气项目、北极LNG-2项目；与哈萨克斯坦"光明之路"、土库曼斯坦"复兴丝绸之路"、乌兹别克斯坦"发展行动战略"对接，使与中亚地区油气合作成为保障中国—中亚国家能源安全的可靠基石。共建"一带一路"倡议提出以来，习近平主席亲自推动和支持石油企业加快开拓海外油气市场，经常把能源问题列入高层互访的议事日程，元首外交直接推动了中国石油企业在俄罗斯、阿联酋、孟加拉国等共建"一带一路"国家的油气合作。2014年5月21日，习近平主席和俄罗斯总统普京在上海会晤，共同见证《中俄东线天然气合作项目备忘录》和《中俄东线供气购销合同》的签署。2014年6月5日，在中阿合作论坛第六届部长级会议上，阿联酋陆上项目被确定为中阿六个合作项目之一；2014年6月，孟加拉国总理哈西娜出席第二届中国—南亚博览会并访华期间，孟加拉国单点系泊项目被纳入两国领导人会谈内容；2015年底，习近平主席与阿联酋王储会晤制定双边关系路线图，进一步明确了合作方向。

2023年5月，国家主席习近平主持首届中国—中亚峰会，中亚五国元首均

第一章
"一带一路"能源合作回顾与展望

出席会议。峰会期间，中国和中亚国家达成了一系列新的油气合作。其中，中国石油与塔吉克斯坦签署博格达项目补充协议，并与哈萨克斯坦签署了《中国石油天然气集团有限公司与哈萨克斯坦能源部关于扩大中哈能源合作框架协议》《中国石油天然气集团有限公司与哈萨克斯坦"萨姆鲁克—卡泽纳"国家福利基金股份公司关于扩大战略合作协议》等。中国石化则与哈萨克斯坦国家石油天然气公司签署了哈萨克斯坦乙烷制乙烯项目关键条款协议，这标志着中国石化将以合作伙伴的身份共同参与并推进项目开发实施，各方预计2024年作出最终投资决策。该项目是哈萨克斯坦大力发展石油化工产业的标志性项目，厂址位于哈萨克斯坦国家石化科技园，利用伴生气分离的乙烷资源建设单套规模为127.5万吨/年的乙烷裂解装置，下游配套建设2套62.5万吨/年的聚乙烯装置。

坚持互利共赢是油气合作的基本原则

中国坚持正确义利观，"以义为先，义利并举"，主要表现在四个方面。

坚持贡献资源国经济建设

中哈油气合作20年，构建了一套符合当地法律法规和国际惯例的公司制法人治理结构及管控体系，奠定了可持续发展的管理能力，树立了中国石油企业良好的国际形象。仅中国石油一家，在哈萨克斯坦累计社会公益投入就超过3亿美元，累计上缴税费超过400亿美元，为当地提供的就业机会超过3万个。纳扎尔巴耶夫总统称中国石油旗下的阿克纠宾、PK等项目是"中哈合作的典范"，还有多个项目获得哈萨克斯坦"最佳社会贡献总统奖"。2008年起，中国石油参与伊拉克油气开发，截至2022年底，累计生产原油近12亿吨，在贡献大量税收、助力伊拉克战后重建的同时，推动伊拉克重回全球主要石油生产国、出口国行列。

坚持绿色发展

中国石油伊拉克艾哈代布项目引入高标准废弃钻井液先进处理系统，对油田钻、修井液进行无害化处理，成为伊拉克石油部推广的典范；在印度尼西亚，2019—2022年间在佳步油田作业森林区种植了553620棵树，对513公顷油区土地植树绿化，获印度尼西亚环境与林业部颁发的"企业绿色环保等级"证书等殊荣。中国石化在哥伦比亚，长期坚持研究分析油田生产活动对森林的影响，制定保护措施，跟踪实施效果，2018年获得ICONTEC碳排放绿色企业国际标准认证；在厄瓜多尔，采取建设环保井场、智能环保作业、推进减碳措施等方式，努力保护亚马孙热带雨林，被厄瓜多尔石油部授予"HSE&社区事务工作最佳外国公司"等荣誉称号；在沙特阿拉伯，积极倡导绿色低碳，在工作和生活驻地植树，累计成活五千多棵。

坚持"授人以渔"

中国石油为伊拉克提供超过6.5万个本土就业岗位，培养各类工程技术服务人才8000余人。中国石化在沙特阿拉伯每年赞助当地石油技术类学校委培学生，与沙特阿美一起承办钻井技术学院。中国海油乌干达公司启动在乌职业培训计划，开展重型货车司机培训项目、工程建造等油气领域技能人才培训等项目，培训后人才投入乌干达油田开发建设工作中；同时，组织社区青年参加美发、缝纫等热门技能培训，指导更多本地居民提升技能水平，促进可持续就业。

坚持跨文化管理

尊重合作伙伴不同文化，在中英伊三方联合投资的鲁迈拉项目中倡导"同一个团队、同一个目标"（One Team，One Target）的文化理念，举办各类跨文化沟通培训班，培育三方共同的责任感、使命感和荣誉感，实现了项目稳健可持续发展。注重遵守东道国的宗教文化和风俗习惯，坚持礼让包容，在合资公司举办各种体育、娱乐活动，形成中外方员工融洽相处的氛围。中国海油伊拉克公司通过编制宗教文化宣传册、加强对中方员工培训等方式强化员工对当地宗教文化的了解和尊重。

坚持国际化运作是油气合作的根本保障

中国企业以市场需求为导向，提高资源配置效率；遵照油气合同执行项目，提高项目管理水平；按照国际规则规范和当地法律法规运作，提高合规经营能力。在合作过程中，中国企业建立形成了一套符合国际规则的规范化管理体系，并按照"集约化、专业化、一体化"协调发展的工作思路，不断提升国际化运营水平。例如，在缅甸，中缅油气管道项目从初期阶段开始，东南亚管道公司就严格按照国际管道项目规范和模式操作。项目开始施工前，在环境评估及监管方面，通过国际招标确定由泰国一家公司进行项目环境影响评价，评价中严格遵守国际通用的赤道原则和世界银行导则，得到缅甸政府主管部门及项目合作方的认可。在厄瓜多尔，安第斯项目按照业界最高标准制定和实施严格的安全环保制度和规程，在作业过程中，采用直升机吊装作业和无害化处理钻屑等措施，安全环保指标保持地区行业的领先水平，多次获得国际机构颁发的环保奖等。

坚持专业化管理是油气合作的重要支撑

中国企业根据不同地区、不同国家的实际情况，"一项目一策"，因地制宜采用不同的合作模式和合同模式。同时，利用其独特的技术优势与综合一体化能力，形成差异化竞争优势。中国石油实施集甲乙方、上下游、国内外、能源与金融为一体的海外综合一体化运营和管理模式，实现多方共同发展。近10年来，通过甲乙方一体化，在伊拉克快速高效建成大中型油气项目。哈法亚三期项目于2018年12月全面投产，中国石油成为伊拉克战后五轮国际石油招标中第一个实现高峰产量的国际石油公司。通过上下游一体化，支持尼日尔建立完整的现代石油工业体系。通过国内外一体化，以通道建设联结海外上游资源和国内消费市场，在中亚实现东道国、过境国与中国三方共赢。通过能源与金融一体化，开创了工程建设、贸易、金融及项目投资相结合的新型项目运作模式。中国石化坚持以经济效益为中心，实行油价与投资联动机制，更加注重内涵式发展，慎重把握新项目收购，注重风险防控，控制新增投资。

坚持本地化运营是油气合作的可持续保证

中国石油企业在开展海外业务时尊重当地文化、习俗和宗教信仰，接受和适应当地员工的工作理念和方式。例如，在伊斯兰国家，尊重当地员工每天多次祈祷的习俗，根据祈祷时间调整工作时间，并严格避免涉及亵渎伊斯兰教的敏感话题。中国石油为当地社会提供了大量就业机会，也为东道国培养了发展石油工业所需的技术和管理人才。例如，2021年东方物探国际业务整体员工本地化率为85%，在尼日利亚、印度尼西亚、哥伦比亚、巴基斯坦等国实现"零中方"现场作业；在哈萨克斯坦业务的员工本地化率达98.3%；喀土穆炼油项

第一章
"一带一路"能源合作回顾与展望

目基本实现了苏丹当地员工自主管理；在沙特阿拉伯策划启动"沙特青年成长计划"，通过与沙特阿拉伯8所大学联合培养及送往中国进行培训和实践等方式培养当地高端人才，为当地员工担任管理层奠定基础。中国石化严格按照"人才国际化、用工本地化"管理模式，推进员工本地化和多元化策略，为当地提供就业岗位；在厄瓜多尔，将公司及相关承包商的人员招聘纳入劳务统筹管理，优先满足社区居民的就业需求；在俄罗斯UDM合资公司，员工本地化比例达99.8%。

中国石油企业也通过采购本地化，给当地带来发展机会。采取成立合资公司、采用当地分包商、培养当地企业成长为合格供应商等多种措施扩大在东道国的物资和服务采购，在降低采购成本的同时促进东道国经济增长。中国石油长城钻探分别成立了中哈公司、TIGER公司、中尼服务公司等在东道国开展采购业务；国际管道公司立足缅甸本地物资供应与服务市场，优先考虑缅甸本地企业，培养本地工程分包商、材料供应商和服务商，先后有226家本地企业参与管道项目建设，涉及保险、运输、管道现场施工、驻地基建项目、社会援助项目EPC承包等多个领域，本地采购支出约占项目一期工程总投资额的1/4。此外，中国石油也重视对东道国当地供应商的管理，例如，管道局建立了23个国家和地区的物资/分包数据库，明确本地化采购标准，全球培育优选优质本地供应商和分包商超过750个。中国石化长期致力于拉动资源国产业发展，在物资、工程、服务采购中，通过公开采购信息吸引所在国企业投标，促进当地企业和社会发展。中国海油在乌干达专门组织了数场针对当地承包商的专题培训，详细介绍了当地承包商的机遇，充分展示了中国海油愿同当地承包商一起成长的良好愿望。

"一带一路"油气合作形势

当前及今后一个时期,世界之变、时代之变、历史之变正以前所未有的方式展开,国际地缘政治面临半个世纪以来未有之大博弈,油气行业面临三百年未有之大转型,东道国政治与社会环境更趋复杂,数字化智能化迅猛发展,中国石油企业"一带一路"油气合作面临的不确定因素显著增多。

国际政治局势和安全形势复杂,油气合作风险长期存在

大国竞争加剧,乌克兰危机引发国际地缘政治格局重大变化,美西方与俄罗斯陷入全面对抗,国际关系阵营化、对俄制裁长期化、能源交易武器化的趋势难以逆转,中美在台海、南海等场景下发生摩擦甚至军事对抗的可能性逐步上升。美国与欧盟频繁互动,加强全球事务协作,追求战略自主的欧洲被迫与美国紧密协调,在G7峰会上推出"全球基础设施和投资伙伴关系协定",作为对抗中国"一带一路"倡议的抓手。在亚太地区,美国以"印太经济框架(IPEF)"为平台,在供应链重塑、数字经济和数字贸易以及地区基础设施等方面强化对华地缘经济竞争。欧盟推出"全球门户"计划,计划在2027年之前投入3000亿欧元用于在发展中国家投资基建项目,旨在帮助欧盟与中国"一带一路"倡议进行竞争,并为发展中国家提供"一带一路"倡议的战略替代方案。

主要东道国中,苏丹、尼日尔等国内部冲突持续不断,有演变为域外国家代理人战争的风险;美国对伊朗和委内瑞拉的制裁走向长期化,全面解除金融和能源实体制裁的可能性不大。同时,美西方以援俄、援缅为由制裁中资企业，"一带一路"油气合作的地缘政治环境发生复杂深刻变化，企业参与油气合作时面临的战略性、系统性风险将长期存在。

中东、非洲、南亚等恐怖主义高发区的社会安全形势依然严峻。在中东和非洲地区，"伊斯兰国""基地"和"博科圣地"等极端组织不断分化组合，在伊拉克、莫桑比克、尼日利亚、尼日尔、乍得和贝宁等国频频发动恐怖袭击；南亚的阿富汗和巴基斯坦更是恐怖袭击的重灾区。此外，非洲军事政变回潮并有蔓延趋势，自2021年以来，马里、几内亚、乍得、苏丹、尼日尔、加蓬相继发生军事政变，非洲地区政治和安全风险加剧。中东、非洲等地区局势动荡呈现常态化趋势，传统安全和非传统安全相互交织给国际油气合作带来巨大风险。

全球经济增长不足，油气市场波动频繁，油气合作经济风险加大

逆全球化和民粹主义思潮交织，全球经济增长动力不足，自由贸易格局被制裁打乱，油气供应格局加速重构，亚洲与欧洲供应来源互换，油气价格将在地缘、金融、供需等复杂因素下出现更剧烈波动，油气市场稳定性面临挑战。美联储持续加息，加大其他货币贬值压力，共建"一带一路"国家通胀和债务风险持续攀升，为油气项目合作带来资金和汇率风险压力。随着全球发展动力减弱，非洲、拉丁美洲部分国家资源民族主义抬头，油气资产国有化风险增大。

能源低碳化清洁化成为发展趋势，石油行业肩负着保障能源安全与推进能源转型的双重使命

全球能源体系正在加速向低碳化、清洁化转型，越来越多的国家和公司明确了"双碳"发展目标和路线图。自乌克兰危机爆发以来,各国能源安全焦虑打乱全球能源转型节奏,增加了能源转型的结构性风险。全球携手推动能源转型、合作保障能源安全的共识被严重削弱,催生更多不确定性因素,导致出现阶段性、结构性供需失衡和非理性价格宽幅震荡。

油气行业在能源低碳化清洁化转型进程中具有双重角色和使命,既是维持世界经济运转的推动者,又是绿色低碳能源发展的引领者,特别是天然气,为全球降低碳排放做出重要贡献。一方面,能源转型步伐向前迈进,全球气候监管趋严,东道国对"高能耗、高排放"行业的升级改造要求、碳税政策调整等都将大幅增加化石能源项目成本。同时石油公司在碳减排社会责任等方面面临更严苛的监管,全球气候监管趋严,欧盟正式签署碳边境调节机制法案(CBAM),美英加速讨论制定类似碳税政策,"一带一路"面临全面的碳合规和"绿色风险"。另一方面,能源转型也为石油公司国际业务开展新能源合作提供了契机,如中东、非洲、中南美等地区风能、太阳能等可再生能源开发潜力巨大,且多数东道国经济发展落后,新能源发展面临较大资金缺口,为我国石油企业开展投资提供了空间。

与此同时,党的二十大擘画了全面建成社会主义现代化强国、以中国式现代化全面推进中华民族伟大复兴的宏伟蓝图,科学谋划了当前和今后一个时期党和国家事业发展的目标任务,为新时代新征程推动共建"一带一路"高质量发展指明了前进方向,提供了根本遵循。再者,2021年11月中央"一带一路"推进会上提出的打造"硬联通""软联通""心联通"的"一带一路",着力开展"小而美"合作项目,打造绿色、健康、数字丝绸之路等,以及2023年10月第三届"一带一路"国际合作高峰论坛的召开,为下一步共建"一带一路"指明了新方向、创造了新空间、增添了新动力。中国石油行业需要把握机遇,直面挑战，推动共建"一带一路"再上新台阶。

"一带一路"油气合作举措与建议

注重"沿带""沿海""沿线"和"沿边"区域的合作

"沿带"：抓好"一带一路"沿线油气合作

"一带一路"倡议作为重大国际经济倡议，已经形成了极为深远的国际影响力。在"一带一路"地区汇聚了全球主要的油气生产区和油气运输通道，也是我国开展国际油气合作的重要合作对象。全球58%的探明石油可采储量和75%的天然气储量集中在"一带一路"地区。"一带一路"沿线区域，如俄罗斯和中亚地区、中东地区是中国油气企业最早进行油气合作的地区，有着丰富的合作经验，下一步要继续在"一带一路"节点国家深耕细作、走深走实。

"沿海"：抓好海上重大油气富集带的合作开发

随着陆上常规油气资源开采量的逐步减少，未来重大的油气资源发现都将集中在海上，大西洋两岸（墨西哥湾、西非海域、巴西海域）、环印度洋海域、环地中海海域、中东海湾地区以及中国南海等，均是未来的重点关注地区。由于风险勘探能力关系到石油公司的核心竞争力，未来对海上石油的争夺也决定了石油公司发展的潜力。

"沿线"：抓好重大能源通道周边的资源开发

通过过去30多年的努力，中国已经成功地在周边建设了东北、西北、西南和东南沿海的四大油气战略进口通道。同时在海外也建成了"苏丹—南苏丹"

等跨境管道，"尼日尔—贝宁"管道正在建设过程中。已有的管道可以有效降低油气的运输成本，发挥大通道互联互通的作用，借助已有的相互依附的能源关系进一步开展全方位合作。积极开发管道附近的资源，可以在相对低成本的条件下保证能源安全和实现经济效益。

"沿边"：注重两国边界地区的资源开发

地下的油气资源很可能被政治边界所区隔而难以开发，或者有些地处两国边境的资源面临难以运出的难题。关注地处两国边界地区可能出产油气的盆地，开发之后可以通过跨境管道直接实现其战略价值。

油气"走出去"的区域合作策略

中亚和中东

中亚和中东地区位于"一带一路"核心区域。中亚是中国较早进行海外油气合作的地区，中东是中国油气进口的最大来源，也是中国石油企业进行上下游一体化合作的主要地区。目前土库曼斯坦是中国最大的天然气供应国，中国和中亚建有中哈原油管道和中国—中亚天然气管道，并且合作还在不断加深之中。中东地区是世界上最重要的石油天然气产区，资源蕴藏量丰富、油气资源距离海岸线近便于运输，而且目前中东地区油气资源勘探强度较低，未来发展潜力巨大。中东地区的伊拉克合作区也是中国油气公司和西方石油公司开展合作的典范。在世界能源格局巨变的背景下，中东产油国必然需要加强和中国的合作。在此基础上，借助已有油气业务，把中亚和中东建成常规油气合作区，确保中国的原油供应安全。

第一章
"一带一路"能源合作回顾与展望

俄罗斯

俄罗斯是中国最早开展油气合作的伙伴之一。目前建有中俄原油管道和中俄东线天然气管道，原油管道运输能力达到3000万吨，天然气管道于2019年12月2日开始供气。中俄两国互为邻国，油气管道可不经第三国直接相连，在一定程度上降低了海上运输的风险。因此，俄罗斯是中国最大的陆上油气供应保障国。在此基础上，中俄之间还有其他的油气贸易渠道。在"一带一路"倡议下，中国油气企业已成功参与俄罗斯LNG项目，包括亚马尔液化天然气项目和北极LNG-2项目。俄罗斯财政高度依赖能源出口，而且未来其远东和北极地区天然气发展潜力巨大，俄罗斯政府也把东方能源市场的开发视为未来发展的重中之重。由于双方在资源和市场方面的互补性，上下游一体化合作有望成为中俄两国未来油气合作的新模式，实现大型项目"利益共享、风险共担"。

东南亚和大洋洲

东南亚国家（主要是缅甸、马来西亚、印度尼西亚）和大洋洲的澳大利亚有着丰富的天然气资源，并且以LNG的形式供应外部市场。东南亚和大洋洲的LNG市场历史悠久，国际化程度高，供应方式灵活；而且东南亚国家和大洋洲的LNG供应直接对接我国东南沿海等消费地区，具有得天独厚的区位优势。加上LNG灵活多样的供应特点，未来可以将该地区打造成为中国对外进行LNG贸易的国际合作区。

非洲

非洲是中国油气企业最早取得合作成功的地区。中国石油和原苏丹的石油合作不仅被称作是石油合作的典范，而且也开发了一套以绿地投资和上下游一体化为主的合作模式。在"苏丹模式""乍得模式""尼日尔模式"的影响下，中国对外油气合作不仅实现了经济效益，也实现了推动当地石油化工发展，彰显中国软实力的国际社会效益。一体化全产业链合作模式也成功实践到阿尔及利亚等国，并且带动了在安哥拉、尼日利亚等国的经营活动。未来，随着对西非海上石油的重视，非洲将成为为数不多可供中国油气企业进行全产业链合作的地区。中国油气企业可以将非洲变成海外的油气开发与全产业链发展对接的复合合作区。

南美洲

南美洲在最近20年迅速崛起成为重要的油气产区。委内瑞拉拥有世界上最大的石油储量，而巴西的海上石油发展势头迅猛，未来势必成为国际油气企业竞争的重点区域。但是南美洲经济模式普遍保护主义色彩浓重，对外国投资者相对不友好而且腐败等问题较多。中国石油企业在南美洲（特别是委内瑞拉）有相当的前期合作基础，未来可以将中国在南美洲的油气投资打造成为"南南合作"的示范工程，在获取油气资源保障能源安全的同时可以推动中国的全产业链"走出去"。

发展建议

一是统筹存量与增量，深化并扩大"一带一路"油气合作。"一带一路"沿线区域油气资源非常丰富，剩余油气可采储量占全球的一半以上，特别是天然气储量占全球的比例超过70%，拥有多个超级油气盆地，是中国企业极为重要的油气合作区。在能源转型的大背景下，区域内多个超级油气盆地因其太阳能、风能资源潜力以及碳捕集与封存（CCS）能力也将成为重要的新能源合作区。

二是充分利用多边机制，构筑新型能源合作伙伴关系。在"一带一路"能源部长会议和"一带一路"能源合作伙伴关系论坛等多边合作机制下，继续进行能源政策交流和项目对接，促进能源互利合作；在重点优先合作领域建立企业间交流机制，探讨油气到新能源等多领域合作；推动建立更加公平合理的、合作共赢的全球能源治理体系和ESG评价标准，推进"一带一路"油气合作包容发展。

三是加强国家战略对接，共同寻求油气合作新机遇。在双多边政策沟通机制下，继续对接资源国战略与合作规划，共同谋划"一带一路"油气合作新发力点、新结合点，深化传统能源项目合作，并向深水、天然气等领域拓展。

四是加快绿色技术创新，实现油气和新能源融合发展。加快绿色低碳转型技术创新能力建设，促进新能源产品、技术和服务的国际合作；建设形成"油气+光伏""油气+风能""油气+地热"项目集群，孵化一批经济社会效益好的"小而美"清洁能源项目，打造互利共赢标志性工程。

（本章执笔人：陆如泉　杨　艳　金焕东　罗继雨）

第二章
"一带一路"能源合作实现包容性发展

第二章
"一带一路"能源合作实现包容性发展

2023年是"一带一路"倡议实施和建设十周年，10月18日，中国成功举办了第三届"一带一路"国际合作高峰论坛，为亚太和全球发展繁荣注入新动力。无论是"十年磨一剑"也好，还是"十年只是开端"也罢，"一带一路"前十年建设的辉煌、喜悦、调整、反思和教训，都值得我们回望，以便我们走好下一个十年和下下个十年之路。

2018年，笔者在《包容性现实主义："一带一路"倡议的国际关系理论解析》一文中指出，"一带一路"倡议并非排他性的（exclusive），而是包容性的（inclusive）。"一带一路"倡议旨在通过"互联互通"，实现与其他国家的政策沟通、设施联通、贸易畅通、资金融通和民心相通，让中国的发展惠及沿线国家和人民。"一带一路"倡议所倡导的发展其实就是"包容性发展"。

包容性现实主义：共建"一带一路"的国际关系理论解读

共建"一带一路"倡议提出十年来，已经基本完成了总体布局。中央已经有了总体规划；《推动共建丝绸之路经济带和21世纪海上丝绸之路的愿景与行动》也已经由国务院在2015年3月正式对外发布；2016年、2018年和2021年中央层面分别召开了"一带一路"建设座谈会，2017年、2019年和2023年分别召开了"一带一路"国际合作高峰论坛。"一带一路"是中国对外开放和对外合作的管总规划，是推进人类命运共同体的路径和桥梁。

在2018年8月召开的"一带一路"建设工作五周年座谈会上，国家主席习近平强调，"一带一路"已经完成了总体布局的"大写意"，未来要进入走深走实的"工笔画"阶段了。在2021年11月召开的第三次"一带一路"建设座谈会上，习近平主席强调除了做好"硬联通""软联通"，还要做好"心联通"。

总之，共建"一带一路"倡议提出十年来，持续成为全球最为关注的热词之一，在国际关系学界也引起了强烈反响。美西方对"一带一路"倡议总体持观望或怀疑态度。比如，美国国防部长马蒂斯2018年6月在美国海军战争学院的毕业典礼上称，中国倡导"一带一路"的真实目的是在周边谋求"霸权"，而这个多元化的世界有"很多条带，很多条路"。

中国国内解读"一带一路"倡议的热度持续不减，引发一波又一波热潮。国内的国际关系学者最近几年从不同层次不同维度持续解读"一带一路"倡议，解读"一带一路"倡议的文章和书籍可谓汗牛充栋，有的学者将"一带一路"倡议形容为中华文明5000年历史上绝无仅有的伟大战略构想。

到底如何从国际关系理论的角度来定位和解读"一带一路"倡议？笔者试着从国际关系理论创新的角度来定位和解读共建"一带一路"倡议。

共建"一带一路"倡议与现实主义

现代国际关系理论兴起于第二次世界大战之后，其话语权和解释权长期以来一直在美国学者手里，道理很简单，美国一直是实力最强的全球性大国。现代国际关系理论主要包括现实主义理论、自由主义理论和建构主义理论三个

第二章
"一带一路"能源合作实现包容性发展

分支。

现实主义理论更多强调国家间互动的主要目的是获得权力,对于权力(硬权力+软权力)的追逐是国际关系的核心。但是,争夺权力并不是无序可寻的,历史已经证明,两个或数个大国间争夺权力的结果要么是发生冲突和战争,要么是形成战略均衡,即所谓的"均势"(balance of power)。另外,现实主义理论下的国际关系更多是利益导向,价值观和意识形态的差异会屈居第二位。

自由主义实际上是理想主义在国际关系的一种表现形式。也就是说,国家间不一定非要为争夺权力而打得你死我活,很多情况下,是通过构建一套机制来确保大国关系的平衡和平稳。这套合作机制有时显得非常坚韧。比如,苏联垮台后,国际合作机制和国际秩序并没有因为美苏关系的重大失衡而发生颠覆性变化,还是延续着第二次世界大战后逐步建立的基于雅尔塔体系的世界秩序。这其实就是合作机制的韧性和惯性发挥作用的结果。

建构主义理论主要侧重于文化在国际关系中的影响力。

对比以上三种现有的国际关系理论,笔者个人觉得,"一带一路"倡议的本质更接近于现实主义理论,原因有三。其一,"一带一路"倡议旨在与周边国家打造休戚与共的命运共同体,并不是谋求替代现有国际秩序和国际政治格局。也就是说,"一带一路"倡议并不像自由主义理论那样,谋求构建一套新的国际合作机制。其二,"一带一路"倡议是中国与周边国家在基础设施互联互通、工业化、能源资源开发、信息产业、产能合作、国际贸易等领域的务实合作,有点"以利相交"的味道,不干涉他国内政,是现行的务实之举,求实举、谋实效,借此扩大中国的影响力。这个意义上讲,"一带一路"倡议更多具有现实主义理论的特点。其三,"一带一路"倡议在于推动提升中国在中亚、中东、中东欧、东南亚和南亚等地区的综合影响力,特别是经济实力,以在一定程度上实现与传统大国（特别是美国和俄罗斯）在上述地区的战略均衡，构建某种意义上的"均势"。这个意义上讲，"一带一路"倡议也更具有现实主义理论的特点。

共建"一带一路"倡议与包容性发展

"一带一路"倡议并非排他性的，而是包容性的。"一带一路"倡议旨在通过互联互通，实现与其他国家的政策沟通、设施联通、贸易畅通、资金融通和民心相通，让中国的发展惠及周边国家和人民。"一带一路"倡议所倡导的发展其实就是包容性发展。

就像国家原主席胡锦涛在2010年9月亚太经合组织人力资源开发部长级会议上发表的《深化交流合作 实现包容性增长》中所提出的："实现包容性增长，根本目的是让经济全球化和经济发展成果惠及所有国家和地区、惠及所有人群，在可持续发展中实现经济社会协调发展……"

从最近几年中国政府对"一带一路"倡议的官方解读来看，"一带一路"倡议的包容性至少表现为以下几个方面。一是全球层次各国之间的包容，即各个国家都应该从全球化中得到好处。这也是中国一直倡导全球化、坚守全球化的道义所在。二是"一带一路"范围内不同地区、不同宗教、不同文化的人民之间的包容，正如互学互鉴的丝路精神那样。而且不同地区、不同国家集群应发挥不同功能，彼此之间相互包容。比如，跨国油气管道的建设和运营，有的国家是资源的供应者，有的是过境国，有的是消费国，彼此之间相互合作、相得益彰。三是全民包容，即"一带一路"倡议下的经济合作是为了惠及"一带一路"全民，"一带一路"沿线各国人民共享增长和发展的收益。"共商、共建、共享"正是包容性的最好写照。

"一带一路"倡议：包容性现实主义

显然，如果用一种国际关系理论来解释和定位"一带一路"倡议的话，包容性现实主义更契合。

国际关系学界都知道，现实主义理论发展到现在，除了有着"大师中的大师"之称的汉斯·摩根索提出的权力现实主义理论和大师肯尼斯·华尔兹提出的结构现实主义之外，最近二十年又发展出防御性现实主义和进攻性现实主义。

我想，"一带一路"倡议不属于以上任何一种，它是兼具全球化视野、大国之间竞合的平衡以及中国儒家文化"达则兼济天下"情怀的综合体。因此，思来想去，用包容性现实主义来定位"一带一路"倡议也许更合适。

共建"一带一路"：一种包容性的经济全球化路径

共建"一带一路"是不是包容性的？2022年11月，在读到中国科学院地理科学与资源研究所副所长、研究员、博士生导师刘卫东先生等著的《"一带一路"建设案例研究：包容性全球化的视角》时，不由得产生英雄所见略同之感。

"一带一路"建设是伴随着中国走向世界舞台而出现的一个新兴事物，在某种程度上代表着新的经济全球化道路。2017年5月召开的首届"一带一路"国际合作高峰论坛圆桌峰会联合公报提出"确保自由包容性贸易"，并指出"一带一路"倡议为各国深化合作、共同应对全球性挑战提供了重要机遇，有助于推动实现开放、包容和普惠的全球化。因此，很大程度上，包容性全球化，特别是包容性经济全球化是理解"一带一路"建设的重要理论视角。

我的理解是，基于包容性经济全球化的"一带一路"建设某种程度上是对新自由主义理论驱动下的全球化的反思，是提供了另一种选择。新自由主义是一种经济和政治学思潮，近四十年来风靡全球，它反对国家和政府对经济的不必要干预，强调自由市场的重要性。新自由主义倡导的是：市场是完全自由的竞争，倡导个人主义，提倡自由放任的市场经济，反对国家过多干预经济，主张私有化。而"一带一路"倡议强调普惠和包容，强调在政府（宏观调控）和市场（市场经济）的平衡，强调统筹兼顾，强调均衡发展，更强调"和平、发展、公平、正义、民主、自由"的全人类共同价值观。

一方面，新自由主义理论驱动下的经济全球化在实现"超级全球化"的同时，也导致了越来越严重的发展不均衡和社会极化等问题。过去的四十年，堪称经济全球化的"黄金时代"，在新自由主义思潮和政府政策的驱动下，呈现出"超级全球化"特点。这种"超级全球化"主要体现为各国开放的贸易和投资政策，加上以互联网技术创新为主带来的世界各地之间的紧密联系，再加上跨国公司的全球性经营以及世界市场的整合。其实质是制度、经济和技术力量共同作用下出现的一个历史现象。

按照刘卫东先生的分析，这种历史现象可以用全球化的三角结构来解释，即资本的"空间出路"、技术的"时空压缩"和国家的开放程度是驱动经济全球化的三个基本力量，这三者的变化及其相互作用结果影响着全球化进程。具体而言，资本空间扩张的本性是经济全球化的根本动力，不光是过去四十年，回顾过去两百多年的经济全球化扩张的历史可以看到，资本的"空间出路"从推动殖民主义自由贸易到对外制造业和商业投资，再到国际金融市场上"剪羊毛"，一直没有停息过。而技术进步带来的"时空压缩"让跨越空间、跨越国

第二章
"一带一路"能源合作实现包容性发展

界的经济活动成本不断下降,为资本空间扩张提供了必要条件。得益于科技进步,过去两百年来,"时空压缩"的程度令人惊讶。比如,帆船时代的洲际旅行时间都是数月甚至数年,轮船出现后,这个数字减少到数周,飞机出现后则减少到以小时记,这就是"空间压缩"的典型。我们也看到,经济全球化的广度和深度取决于各国的开放程度,也就是政府政策的开放与否。在闭关锁国的时代,在冷战时期,经济全球化程度很有限,甚至称不上全球化。而过去四十年之所以出现"超级全球化",是因为包括中国在内的所有全球性大国和地区大国(遭受制裁的地区大国,如伊朗,没有融入全球化,主要是美国的制裁导致伊朗难以融入),无一例外地均持开放政策。

国家政策、资本力量、技术创新,构成了"全球化的三角结构"。而其中,国家政策(国家开放程度)的波动是最大的。近年来,出现的逆全球化现象,只是全球化发展过程中因世界格局变化及各国应对政策调整而产生的。而资本力量和技术创新的作用一直在持续。

但是,事实告诉我们,新自由主义理论驱动下的全球化导致了越来越严重的发展不均衡和社会极化问题。2017年特朗普成功上台执政,就是美国社会极化的一个结果。发展的不均衡不仅表现为欧美国家与非洲、亚洲、拉丁美洲国家之间的差距,以及发达国家与发展中国家的差距,而且也表现在发达国家内部。因此,支撑过去四十年经济全球化的核心理论即新自由主义思潮,在成功解决20世纪70年代发达国家面临的滞胀危机的同时,又不断积累了新的矛盾,导致了世界经济的不可持续性。

顺便说一句,上述滞胀产生的部分原因在于彼时以沙特阿拉伯为首的阿拉伯国家发起的对美西方的石油禁运,导致石油等大宗商品价格暴涨,而2022年爆发的乌克兰危机,让我们有"昨日重现"之感。当前及未来一个时期,如果不加调整，全球经济有可能陷入滞胀风险。

另一方面，以"一带一路"倡议为代表的新的全球经济治理模式，需要顾及社会基层的利益，需要让现代化的基础设施延伸至更多地区，需要让经济增长惠及更多的民众，这就是"一带一路"建设的包容性经济全球化使命。说到底，世界需要更加包容的全球化，而"一带一路"倡议则提供了一个通往包容性全球化的路径。

包容性经济全球化不是全球化开倒车或逆全球化，而是全球化的发展和改革。就技术创新驱动的全球化而言，无论是新自由主义还是"一带一路"倡议，两者是一脉相承的；就资本"空间出路"驱动的全球化而言，两者的基本机制也是相同的。两者的根本区别在于全球化不能仅仅为资本空间扩张和积累服务，也要照顾到人们的需要。

特别是，国家需要从主要服务于资本积累和扩张，转向更加重视社会公平并提高治理能力。首先，各国政府需要加强合作以应对全球挑战，如金融市场动荡、气候变化与能源转型等；其次，国家需要强化保护基层民众和贫困人口的能力，如扶贫与乡村振兴、再就业培训、创新创业能力培育等；最后，国家需要具备对资本市场的引导能力和资源配置能力以及提供基本公共服务的能力。

我们看到，20世纪90年代中期，由国际货币基金组织、世界银行联合美国财政部主导制定的"华盛顿共识"成为标准药方，为全球经济设置了标准和原则。而被迫采纳"华盛顿共识"的国家几乎都陷入了经济困境，丧失了经济独立自主地位。而没有采纳这个标准药方的中国，通过"摸着石头过河"的方式探索出了适合自己的发展道路，实现了经济的腾飞。

我们还看到，在经济全球化过程中，大型跨国公司成为世界经济的主导者，具有某种霸权地位和巨大的权力，让很多发展中国家处于弱势。

第二章
"一带一路"能源合作实现包容性发展

进一步推进全球化,需要考虑如何照顾弱者,<u>应坚持开放包容和平等互利</u>的理念,以及共商、共建、共享的原则,突出共同发展、共同繁荣。而这就是"一带一路"建设的定位。

很多人可能会问,如何才能实现真正的普惠和包容发展,即在经济发展的同时,还能兼顾公平,实现共同富裕,打造人类命运共同体?具体的举措在哪里?笔者从法国经济学家托马斯·皮凯蒂(Thomas Piketty)的《21世纪资本论》(Capital in the Twenty-First Century)中受到了启发。皮凯蒂认为,由于资本回报率总是倾向于高于经济增长率(可以理解成国民收入增长率),所以贫富差距是资本主义固有现象。

皮凯蒂通过大量数据分析观察到,过去三百年来,资本主义世界的投资回报率平均维持在每年4%~5%,而GDP平均每年增长1%~2%。5%的投资回报率意味着每14年财富就能翻番,而2%的经济增长意味着财富翻番要35年。在过去一百年的时间里,有资本的人的财富翻了7番,是开始的128倍,而整体经济规模只比一百年前大8倍。而过去四十年在新自由主义理论加持下的经济全球化,进一步放大了发达国家和发展中国家以及一个国家内部的财富悬殊差距。要解决这个问题,在微观层面的做法是向富人征税、征更高的税;在宏观和多双边关系层面,就是要控制本国资本和国际资本的收益率,让资本的收益惠及更多的人,通过政策引导和规制,让资本更多投入到基础设施、工业化、绿色低碳、乡村发展等领域,真正实现包容性发展。

高质量共建"一带一路"关键要看这五大转变

以2018年8月我国召开的推进"一带一路"建设工作5周年座谈会,和2019

年4月召开的第二届"一带一路"国际合作高峰论坛为标志,"一带一路"建设,开始由"大写意"转向"工笔画",开始走深走实,迈向高质量发展的新阶段。

企业是推动共建"一带一路"的主体,项目(无论是投资项目、工程服务项目还是产能合作项目)才是"一带一路"合作的真正载体。"一带一路"建设的走深走实和高质量发展,意味着区内合作项目的高质量开发、高质量建设、高质量运营、高效益回报和高当地评价。

如何实现"一带一路"合作项目的高质量发展?2019年9月17日至21日,笔者和同事在"21世纪海上丝绸之路"的"南大门"——广州,举办了中国石油2019年"一带一路"油气合作策略与项目管理培训班。围绕"一带一路"建设的战略与策略、社会安全与安保防恐、法律风险与合规运营、项目管理与企业社会责任等方面,聘请有实战经验的专家进行讲授,参训学员们进行了热烈的研讨。推动"一带一路"建设走深走实和实现高质量发展的思路和轮廓越来越清晰。概括起来说,关键要实现以下五个方面的转变。

转变之一:从低价竞标到宁缺毋滥

什么时候,企业围绕"一带一路",建立一套分国别的项目开发和市场拓展的评价体系和标准(特别是效益标准),并严格按照标准去执行,不达标准的项目坚决不做,抵御诱惑,宁缺毋滥,那么,"一带一路"高质量推进在源头上便有了保障。

此次培训,来自某工程建设公司的学员总结发言时感慨:"最近几年,随着国际油价低位徘徊,工程建设和工程技术服务企业的日子很不好过,很多时候,我们的企业往往是'低价中标拿项目、国际标准来执行、成本高企难下

第二章
"一带一路"能源合作实现包容性发展

降、风险压力急攀升'。"这四句话赢得大家哈哈大笑和热烈掌声,也反映了企业参与"一带一路"建设的窘境。是啊,为了成功拿到项目,面对国内外的同业竞争者,特别是国内同行的低价竞争时,唯有进一步压低报价才能中标。但中标只是第一步,面对后续东道国政府提出的高标准和国际惯例,加上严苛的国际监理,在建设过程中只能是成本一超再超,项目效益一差再差,甚至血本无归。

所以,要确保"一带一路"项目建设的高标准,违背底线、在投标之前就知道收益无望的项目坚决不做,宁缺毋滥。

转变之二:从撒胡椒面到上大项目

什么时候,我们的企业不搞"大小通吃",不搞全面撒网,不搞"排山倒海",不搞"一哄而上",不撒胡椒面,而是精准开发,瞄准大项目,找到撬动杠杆的支点,多获取支点项目,少掺和与当地企业争利的小项目,那么,我们推进"一带一路"建设面临的挑战和麻烦就自然会减少,相应地,项目合作质量也会提高。

此次培训研讨发言的时候,某油田企业的学员讲了一个有意思的现象:"在哈萨克斯坦,到处有中国石油企业的身影,我们的影响力确实很大,但事后效果并不好,在很多城市经常发生当地人上街(游行),反对中国人抢了他们的饭碗,反对中国势力过度扩张。可是,你们看看西方大石油公司,比如雪佛龙(Chevron)公司担任作业者的田吉兹油田,那是年产5000万吨规模的巨型项目,雪佛龙公司仅凭这一个项目就抵得上中国公司的几十个项目。而且,当地人并没有感受到雪佛龙公司带来的威胁。雪佛龙在当地的形象也很好。"

这位学员的发言令大家陷入沉思。是啊,中国企业要学会放弃,放弃那些与当地企业争利的"民生型"项目，把精力放在那些凭当地企业的能力不能企及的支点项目上，以一当十。

转变之三：从求同去异到求同存异

什么时候，我们的企业善于管理外籍员工，从容面对国际雇员和本地员工，当跨文化管理不再是一个挑战时，那么，合作项目的高质量就变得自然而然。

直到现在，很多企业管理人员依然有"中国人管理中国人效率高""便于沟通"的观念。于是，常常见到的现象是，"一带一路"重大的工程项目往往是中国工人的大场面，可谓千军万马，而当地雇员和外籍员工寥寥无几。且不说这种情况可能违背了东道国政府在项目合同中关于"本地含量"的规定，而且极有可能遭遇西方戴有色眼镜媒体和西方背景非政府组织（NGO）的攻击。中资企业在非洲和东南亚的工程承包项目曾屡次出现这样的案例。

归根到底，还是对跨文化管理没有信心造成的。总觉得外国人不好管、不服管教，总在求同去异、害怕别人和我不一样。殊不知，如果项目合作达不到"欢迎你和我不一样""求同存异"的境界，高质量这个目标是无法实现的。

转变之四：从单打独斗到联合经营

什么时候，中国企业在"一带一路"地区树立联合经营、抱团取暖的思维，多多吸纳欧美企业、当地企业共同参与项目投资与建设，共担风险、共享收益，那么，我们的企业就真正成熟且自信了，合作项目也就自然能达到高质量的目标。

在"一带一路"乃至全球其他地区开展项目投资，不要唱独角戏，不要占有100%的股份、把项目搞成中方独资,否则的话,所有的压力和风险都得由中方一家承担。某国有企业的缅甸密松水电项目系中方独资项目,前期投入已达数十亿美元,后被缅甸政府强行叫停,直到现在尚未恢复建设。试想,如果当时这个项目哪怕只有10%的西方公司(最好是欧美公司)参股股份,缅甸政府都不会(或不敢)轻易叫停此项目,这就是抱团取暖的力量。因此,"一带一路"合作项目,多搞中方、西方和本地企业联合参与的合资合作,少搞独资项目。一定要把多方合作进行到底,讲究五湖四海,合作多赢,合作为根。

顺便说一句,石油合作项目,长期以来一直门槛较高,技术密集、管理密集、资金密集,投资额度动辄数十亿、上百亿美元,仅凭一家石油公司往往难以承受。因而,联合经营在石油行业很普遍,是正常现象。

转变之五:从依靠自己到本地立足

什么时候,中国公司在"一带一路"国家的投资与运营主要靠当地人,"把自己搞得少少的、把当地员工搞得多多的",把自己融入当地民众、当地环境的汪洋大海,那么,这种共生共赢、命运共同体式的项目想不成功也难。

衡量一个项目融入当地的标准就是,你在东道国当地的行为与当地社会的期望相吻合,真正做到了思维全球化、行动本地化、融入当地社会。

命运共同体不是说说而已,需要实实在在的举措。融入当地的策略,在"一带一路"合作中只能加强,不能削弱。除了履行企业社会责任,还应在本地化运营上下功夫,不断提升当地化雇员的比例,特别是中高级雇员的比例;在项目建成的采办服务上,应按照既定的"本地含量",采购当地的物资和服务,推动当地制造业和服务业的发展。充分当地化的一个直接效果就是公司的安全风险大大降低了。就像bp前首席执行官约翰·布朗在《超越商海》这本书中说的:"……我们认识到,即便你不惜巨资把自己武装到牙齿,若没有当地社会的积极支持,你一样无法摆脱外部威胁。"

当然,融入当地绝非意味着失去对项目的控制权。如果中方是项目的作业者、操笔者,那么项目公司的关键岗位,比如CEO和CFO等,一开始还是要由中方员工担任。切不可放任自流,否则项目可能会失控,甚至全盘皆输。

总之,"一带一路"高质量发展不是嘴上说说,只有切实转变思维,拿出具体的方案,一以贯之地执行,"一带一路"的建设才能真正做到走深走实。

中国推进"一带一路"是对现有国际秩序的颠覆吗?

2018年9月20日,美国权威智库新美国安全中心亚太安全项目发布了名为《权力的游戏:应对中国"一带一路"战略》的报告。先不谈报告观点的对错,就内容而言,该报告是截至目前笔者看过的美国国际关系研究学者和智库人员对中国"一带一路"倡议做出的最为全面的分析评估报告。

该报告的主要观点是:中国倡导的"一带一路"战略正在重塑(reshaping)世界格局。如何重塑的呢?一是中国通过"一带一路"战略正在打造一个全球性强国;二是中国推行"一带一路"战略正在将世界经济拖入危险境地,最为典型的就是通过大规模信贷投资使得沿线国家陷入了沉重的债务负担乃至债务危机,并加重了这些国家精英分子的腐败程度;三是中国正在"伤害"沿线国家好不容易才建立起来的民主机制,并推动这些国家的低质量(low-quality)发展。报告针对中国实施的"咄咄逼人"的"一带一路"战略,呼吁美国要通过提升国际竞争力为发展中国家提供可替代中国"一带一路"的方案,并从地缘政治、商业、治理与发展等方面提出了美国及其盟国(日本、印度、西欧、海

第二章
"一带一路"能源合作实现包容性发展

湾合作委员会诸国）应对"一带一路"的策略举措。一个有意思的地方是，该报告特地强调，"一带一路"在2013年由习近平主席提出，尽管在英文中叫作"一带一路"倡议，北京仍然叫作"一带一路"战略。看来，"一带一路"在大多西方政界和学界眼里仍定位为"战略"，而非"倡议"。

总之，该报告攻击中国"一带一路"倡议的核心理由是：中国的"一带一路"战略旨在通过经济、政治和军事手段重塑和替代现行的国际秩序体系。

笔者这几年一直从事"一带一路"油气合作方面的工作，对"一带一路"倡议也算有所研究。暂且抛开价值观和意识形态的差异不谈，笔者想就该报告陈述的这一核心理由谈谈自己的看法。

中国"一带一路"倡议实施真是旨在对现有国际秩序体系的颠覆吗？要回答这个问题，得先知道现有国际秩序体系到底是什么。

我们知道，现有国际秩序体系是在第二次世界大战后形成的，其构建的起点是：1945年2月，美国、英国、苏联三个大国在苏联黑海北部的雅尔塔举行的一次关于制定战后世界新秩序和列强利益分配问题的关键性的首脑会议。故战后逐步形成的这套国际秩序体系也被称为雅尔塔体系。

雅尔塔体系形成的背景或根基是：第二次世界大战后西欧各国普遍衰落，基本上是唯美国马首是瞻；美国成为资本主义世界头号强国；苏联成为唯一能与美国抗衡的政治军事大国。雅尔塔体系从20世纪40年代中期开始构建，到20世纪六七十年代走向成熟，该体系最主要的平台或工具就是联合国及其常设机构。20世纪90年代初，随着苏联的解体，雅尔塔体系的根基严重动摇，但这套体系直到现在一直没有坍塌，其最典型的就是以联合国安理会为核心的联合国机制依然发挥着解决国际重大问题的主导作用。没有坍塌的原因是，全球大部分国家都从这套体系中获得了好处，都在自觉或不自觉地维护这套体系。

应该说，在苏联解体之前，可将当时的国际秩序体系定位为具有两极特征的雅尔塔体系，最为突出的表现就是美苏两极对抗，在全球形成了战略均势；苏联解体后直至现在，该体系应该定位为具有一超多强特征的雅尔塔体系。也就是说，苏联解体后，美国霸主地位在某种程度上更加巩固，因此，也有很多西方人将现行体系称为单极体系。但是，西欧、日本在20世纪八九十年代强势崛起，而以中国为代表第三世界国家过去二十年则是在加速崛起，因而称其为"一超多强"。

可以说，联合国总部+各类常设机构+国际货币基金组织（IMF）+世界贸易组织（WTO）+各种区域性的多边合作机构等构成了当今国际秩序的有形平台，而无形的则是各种国际法、公约等国际合作与治理机制。

介绍完现有国际秩序体系，我们回到问题的核心，"一带一路"倡议是在谋求替代现有体系吗？目前可以明确的是，"一带一路"倡议的内涵是互联互通，也就是五通，即政策沟通、设施联通、贸易畅通、资金融通和民心相通；而且，旨在通过"一带一路"建设，构建人类社会的命运共同体。很明显，五通既是战略路径，又是战略目标，也是一种状态。五通本身不是什么机构，也不是什么平台，即便将来中国与周边国家或世界其他国家实现了五通，五通本身并不能形成什么可视化结果。

另外，在笔者看来，人类命运共同体与世界大同并无本质区别，是一种理想，是人类发展的理想。正如习近平主席在2017年新年贺词中所说："中国人历来主张'世界大同，天下一家'。中国人民不仅希望自己过得好，也希望世界各国人民过得好。"个中道理和逻辑再明显不过了：人类命运共同体是以儒学为代表的中华文化发展到当今社会阶段后，对人类未来发展的一种渴望和诉求。理

第二章
"一带一路"能源合作实现包容性发展

想、渴望和诉求本身也不是一种机构、一种实体，形不成联合国那样的平台。

说到底，中国的"一带一路"到目前只是一种"倡议"，是经济对外交流与合作领域内的管总规划。因此，美国名为《权力的游戏：应对中国"一带一路"战略》的报告提出的"中国谋求另起炉灶、替代现行国际秩序体系"的观点，的确是杞人忧天。

其实，中国是现行国际秩序体系构建的参与者，也是受益者之一。过去四十年，正是搭上了现有体系"这趟车"，我们的发展才算是走上了快车道。笔者相信，所有理智的中国人都不会从这趟车上主动下车。但是，如果将来被某些大国或大国集团逼下车或推下车，则中国有理由也有权利自己打造"一辆车"，并重新上路。那时候，责任不在中国，道义也一定会在中国这边。

"一带一路"能源合作实现包容性发展的十大黄金法则

以油气合作为主的能源资源开发产业一直是"一带一路"建设的重要领域，除了体现"互联互通"这一"一带一路"精髓的基础设施建设产业，能源资源开发应该是紧随其后了。而且熟悉中国与周边国家油气合作的人士都知道，油气合作是"一带一路"建设中具有先发优势的产业，中国石油企业在20世纪90年代就开始在"一带一路"沿线资源国从事油气投资与合作。若论合作的规模、产业的成熟度、业务链的全覆盖度等，"排头兵"非石油天然气莫属。

本书通过透析过去30年中国油气与世界的交往，特别是中国企业在"一带一路"地区的投资、建设与运营、贸易等实操情况，试图梳理和总结一些"规律性"的东西，既是一种经验总结与回顾，更是启示我们未来更好与周边国家进行油气合作的指引。概括为"十大黄金法则"，具体如下。

法则一：以通为本

"一带一路"建设的本质内涵是"互联互通"，其核心就是一个"通"字。"通"属于中国文化精髓中颇具意境的一个字。当一切变得"通达"和"畅通"后，"一带一路"建设将水到渠成。那什么是"一带一路"建设中政府、企业和市场应该关注和重点推进的？笔者以为，应该首推那种着眼于"通"，能够体现跨地区、跨国别、跨文化，互利共赢、造福当地的大型、特大型项目。从这个角度讲，目前正在推进的跨境高铁、公路、航运、油气管道等项目，应该成为"一带一路"建设的重点。

具体到油气合作上，过去十年逐步构建的，横跨我国西北、东北和西南边境的三大油气管道建设与运营堪称"以通为本"的典范。就拿中国—中亚天然气管道项目来说，这条由中国石油投资和建设的天然气管道系统，起自土库曼斯坦，过境乌兹别克斯坦、哈萨克斯坦，最终到达中国西部边陲的霍尔果斯，由A、B和C三条平行管线构成。目的是将土库曼斯坦的天然气（主要气源地）过境乌兹别克斯坦和哈萨克斯坦（也是辅助气源地）输至中国，满足中国、乌兹别克斯坦、哈萨克斯坦对天然气的消费需求。自2009年12月投运以来，中亚天然气管道已累计向国内输气超过4500亿立方米。目前该管道已成为中国最大的海外天然气进口通道。这正是"通"的力量在天然气合作领域的体现。

未来一个时期，打造油气互联互通体系依然是"一带一路"地区多双边油气合作的重中之重，特别要注重构建天然气联通体系，通过利用天然气这一清洁能源实现中国与周边国家的低碳环保发展。说白了，中国将来不仅是油气的消费中心，还应该是交易中心和枢纽中心，通过中国将中亚、中东的油气与东北亚、东南亚的消费市场连接起来，真正在亚洲中东部地区打造一个互联互通的油气供需、运输和贸易体系。

法则二：道法自然

"一带一路"倡议说到底是一项源于中国，承载汉唐盛世和未来中华民族复兴的"光荣与梦想"，且能够在一定程度上重塑全球治理模式和国际关系格局的"中国式主张"。一方面肯定是要通过"路"将周边国家乃至世界各国连接起来，实现"互联互通"，另一方面更重要的是，要"行大道"，以"道"留人，以"道"服人，道法自然。"道"是中国文化、中华文明的最高哲学范畴，也是全球公认的中国最高哲学智慧。

推进"一带一路"建设还得讲究"道法自然"。"道法自然"就是自然而然，不必着急，不必刻意为之，更多是"大象无形"、化于无形。"一带一路"倡议看上去很宏大，但真正做起来，还是要关注细节，务实推进。务实推进的精髓本质就是将"一带一路"之道化于无形，才能在特定的情况和条件下，将其运用自如，表达殆尽。

"道法自然"的理念落实到油气合作上，就是在油气项目投资、建设和运营的过程中，要讲究"只做不说、多做少说"的经营哲学。过去30年，中国石油等大型石油央企在海外投资的过程中，较好地贯彻了这一理念，结果是取得了巨大成功。为何要坚持"只做不说、多做少说"？一方面，考虑到油气作为一种战略性商品，在别国从事油气资源开发本身就是很敏感的事，常常为"资源民族主义者"和"好事"的西方媒体和非政府组织所攻击，给合作项目建设运营带来不必要的麻烦。另一方面，"只做不说、多做少说"绝非等同于"鸵鸟政策"，而是将投资和经营充分融入当地，化于无形，不必刻意凸显自己，与当地形成紧密的共同体，真正做到"大象无形""大巧不工"。

笔者坚持认为，未来一个时期，"道法自然"依然是"一带一路"地区油气合作的主流经营哲学。

法则三：大处着眼

中央高层曾经给"一带一路"倡议定过调："一带一路"倡议是中国新时期对外开放的"管总规划"。何谓管总规划，在笔者看来，就是具有统领性的商业计划。那么如何实施好一项管总规划？还是"内圣外王"的曾国藩老先生说得好："大处着眼，小处着手。"

先说说大处着眼，也就是说要具有战略思维和大格局，从"大"的方面、全局高度谋划好干事创业的"纲"。具体到油气合作，我们知道，油气合作有着成熟的国际惯例可循，是以石油合同为准绳，遵照石油合同有节奏地安排投资、进行项目建设和后续运营。通常，一个普通的石油合同的合同期是25年左右，一些长周期的石油合同，比如租让制（concession）合同的周期甚至长达60年或者更久。在一个国家或一个地区进行长达数十年的、累计投入高达数十亿甚至数百亿美元的重大经营活动，投资者在合同周期可能要经历数个执政党、数个总统。这就决定了从事油气合作必须要"大处着眼"。

"一带一路"油气合作的大处着眼主要侧重于这几个方面：一是分析合作项目所在地区的地缘政治环境，合作的油气田存不存在领土争端以及将来油气产出外销时会不会遇到阻碍等；二是分析合作项目所在国的政局稳定性，资源国国家政策的延续性，搞好与本届政府和当政者的关系固然重要，但还得兼顾反对党、反对派的感受，避免遭遇"现任总统签约、继任总统毁约"的尴尬；三是分析项目所在国的市场竞合态势，搞清楚当地市场的主要竞争者、主要玩家，哪些是可以联合的，哪些只能成为竞争对手；四是分析项目所在国的社会形态、安全和财税金融政策环境等，把握好当地宏观政治经济社会的方向。以上都是"一带一路"油气合作项目在"大处"需要着眼的。

法则四：小处着手

"大处着眼"固然重要，但"小处着手"更重要。大处着眼是战略和方向，小处着手是战术和策略。"一带一路"油气合作要想取得成功，就必须小处着手。

比如，在项目合作的前期阶段，要注重"小"设计。设计是油气项目的源头，注重项目的设计方案，就要从概念设计和详细设计抓起。统计显示，一个项目的详细设计一旦确定，后续95%左右的投资和工作量基本确定，好的设计绝对是"事半功倍"，否则，后续花费再多的力量，也难以挽回项目在设计上的"先天性"缺陷。尤其在"一带一路"建设项目推进过程中，由于投资或经营环境不确定性普遍较高，把握源头显得更加重要，一定要改变轻设计方案、重建设运营的做法。

再如，在项目合同全周期过程，要纠缠"小"条款。合同条款是项目执行的"宪法"。"一带一路"大多国家市场欠发达，透明与合规程度都较低，这时候，合同条款的清晰程度对维系项目运营、保护投资者利益往往发挥着决定性作用。因此，对合同条款一定要舍得花时间去纠缠，力争做到"吃干榨净"。例如，对于"不可抗力"条款，"一带一路"沿线国家普遍投资环境风险较高，政治、经济、社会和安全风险均有不同程度存在，这时，于中方投资者而言，不可抗力的类别和事项一定要界定清楚，可针对当地情况，力争将一些不可控事项纳入不可抗力。再如，对于合同中的仲裁条款也要特别留意，力争实现在具有国际公信力的"第三国仲裁"，而不是本地仲裁或对方的友好国家仲裁。

又如，在项目建设过程中，要严控"小"问题。在"一带一路"搞项目投资和建设，一定要重视和严控各类"小问题"，稍有不慎，小问题就会酿成大风险，甚至是无法挽回的损失。项目建设过程中，典型的小问题往往出在工程质量上。最好的办法就是聘请具有国际资质的监理公司，采用"EPC+PMT+PMC"（工程设计采购建设+项目管理团队+项目咨询监理团队）三位一体项目管理模式，由独立第三方把控工程质量。

法则五：企业为先

笔者发现，自"一带一路"倡议提出后，国内一直存在热炒"一带一路"的现象。畅想"一带一路"美妙前景的多，能拿出实质性、可操作性方案的少；政府、研究机构、学界围绕"一带一路"建设的大会小会和培训讲座多，实际达成和签署的合作项目少；出书和写文章的居多，开展实质性商务谈判和签约的少；政府这只"看得见的手"在主导居多，市场和企业真正发挥作用的少。总体是务虚太多，务实太少。

笔者还是要呼吁一下：少一点空谈，多一点实干，"一带一路"建设应让企业先行，构建一个市场化的、以经济合作为核心的"一带一路"比什么都重要。

要知道，中国企业在"一带一路"国家已经具有一定投资规模和市场合作基础，下一步可依托"一带一路"构架迅速巩固和扩大合作空间。中国石油企业在"一带一路"区域内从事油气投资与合作已有30年的时间，形成了明显的先发优势。"一带一路"倡议的提出，为中国石油企业进一步做强做优区域内油气业务，打造油气合作"转型升级版"提供了难得的契机，理应再接再厉，进一步深化合作。其他来自公路、铁路、电力等产业的企业目前也已在区域内有较大规模的投资，需要借助"一带一路"建设东风，顺势而上。

要知道，相比政治先行，文化先行亦或金融先行，企业（经济）先行遭遇的阻碍和风险小得多，更容易取得成功。众所周知，"一带一路"倡议提出以来，一直遭到美国、印度、俄罗斯、日本等与中国有地缘政治冲突或文化价值观冲突的国家的抵制或变相抵制。如果我们在区域内大张旗鼓推行我们认可的政治体制观、价值观和所谓"一带一路"宏伟战略的话，则"中国威胁论"等妖魔化中国的言论和势力将呈几何级数放大，将对我们推行"一带一路"建设带来极大阻碍和风险。因此，今后一个时期的"一带一路"建设，应本着求真务实、稳健推进的原则，还是要倡导企业先行、经济合作优先。

要知道，让企业先行意味着"一带一路"建设将拥有稳固的经济基础，只有经济基础牢固了，"一带一路"倡议这个"上层建筑"才能稳定可持续。企业的本质是逐利的，让企业先行意味着中国的企业在"一带一路"开展国际化经营的核心目的是实现有质量有效益的发展。只有我们的企业赚钱了，"一带一路"建设才能惠及其他的"利益相关者"，才能实现可持续发展，才能推动政治、文化、体制机制等全方面的合作和接轨。企业能否盈利是"一带一路"建设是否长久的生命力所在。

法则六：项目为要

据不完全统计，中国石油企业海外资产、油气产量、利润和贸易量中，有超过50%以上的份额来自"一带一路"地区。总的来看，"一带一路"已成为中国石油企业的核心油气合作区，已成为石油央企海外油气产量和效益的重要来源地。国际油气合作惯例已经一再证明，油气合作项目本身才是储量、产量和收入效益的源泉。搞好"一带一路"油气合作，实际上就是搞好项目投资与合作。油气项目才是"一带一路"建设的载体。

未来一个时期，涉及"一带一路"区域范围（主要包括中亚俄罗斯、中东和亚太三个地区）内的大中型油气合作项目、特别是跨境油气通道、贸易项目将是重中之重。

中亚俄罗斯地区的油气合作项目，重点要抓好跨越土库曼斯坦、乌兹别克斯坦、哈萨克斯坦并抵达中国的中亚天然气管道项目；抓好中俄原油管道的运营和管道二线项目的建设和运营；抓好中俄东线天然气管道的建设，按期建成投运，择机、稳妥推进中俄西线天然气管道项目；抓好跨境管道沿线现有各大型上游勘探开发合作项目的建设和生产，充分发挥应有的油源、气源地作用；抓好社会影响力大的炼油化工项目和工程技术服务、工程建设及装备制造项目，实现在当地的全产业链发展。

中东地区的油气合作项目，重点应抓好中国石油央企在伊拉克地区的数个大型油田项目的开发建设与运营；抓好中国企业在伊朗地区大型油田项目的建设投运和投资回收，防范美国恢复并加强对伊朗制裁给中国企业带来的风险；抓好中国石化在沙特阿拉伯的炼厂项目、天然气项目的建设运营。此外，目前阿联酋已上升为中阿石油合作的热点地区，应乘势而上，抓好中国企业在阿联酋阿布扎比大中型油气项目的开发和运营；同时，还要抓好在阿曼、卡塔尔等国的油气项目合作。

亚太地区的油气合作项目，应充分关注缅甸，抓好中缅原油管道的投运，与国内下游炼化市场保持协同；择机拓展有效益的炼化项目和孟加拉湾海域的勘探开发项目，寻找大型的油源、气源，以期为中缅油气管道贡献更多上游资源。充分关注印度尼西亚，印度尼西亚是共建"21世纪海上丝绸之路经济带"倡议提出之地，其重要性不言而喻。在印度尼西亚主要是通过获取新项目以弥补现有项目的产量递减，保证中国石油企业在印度尼西亚拥有相对稳定的业务规模和投资回报。

法则七：合作为根

笔者的一个体会是，在"一带一路"乃至全球其他地区投资开发油气项目，不要唱"独角戏"，不要占有100%的股份，把项目搞成中方独资的，否则，所有的压力和风险都得由中方一家承担。

比如，在中亚、中东、阿富汗及周边等地区，这是"一带一路"的重点地区，一个共性特点是这一地区的国家基本上不完全依赖于某一个大国，基本上是在走"平衡"的国际合作路线。当前，这些国家在经济合作和获得外来投资上更多依赖中国，在政治或者军事方面，则更多依赖美国、俄罗斯等大国。这就造就了中美两国企业在上述地区有一定的互补性，更容易形成"强强联合"之势，以"联合体"或者"合资公司"的方式在当地开展投资和运营。最为典型的案例是在伊拉克，美国最大的石油企业——埃克森美孚公司和中国最大的油企——中国石油，成功在伊拉克南部西古尔奈油田开发上进行了合作，合作双方发挥各自优势，油田开发建设顺利推进，目前该油田的年产已达2000万吨。中美两国企业合作共同开发伊拉克市场的例子完全可以在其他"一带一路"国家复制。

法则八：共赢为魂

互利共赢、合作发展可以说是每个从事国际化经营的企业都应该遵从的理念和原则，中国企业在"一带一路"地区从事投资与合作更要坚持该原则。因为"一带一路"倡议是一项管总规划或行动方案，其根本目的是要打造"人类命运共同体"。没有共赢，何来共同体？共赢的"一带一路"倡议是推动实施的"灵魂"所在。而油气作为敏感度高的能源资源开发产业，时常受到外界的质疑，时常与国家主权和地缘政治挂钩，在合作的过程中更要强调共赢。

实际上，中国石油企业过去30年在"一带一路"重点地区的投资与合作总体上遵从了"互利共赢、合作发展"的原则。以中国与哈萨克斯坦的合作为例，据笔者所知，中哈油气合作20多年，构建了一套符合当地法律法规和国际惯例的公司制法人治理结构及管控体系，奠定了可持续发展的管理能力，树立了中国石油企业良好的国际形象。仅中国石油一家在哈萨克斯坦累计社会公益投入就超过3亿美元，累计上缴税费超过400亿美元，为当地提供的就业机会超过3万个。纳扎尔巴耶夫总统称中国石油旗下的阿克纠宾、PK等项目是"中哈合作的典范"，还有多个项目获得"最佳社会贡献总统奖"。中哈油气合作基本上把"共赢为魂"落到了实处。

在笔者看来，衡量是否互利共赢的标准就是，在资源国当地的行为与当地社会的期望相吻合。要做到思维全球化，行动本地化，融入当地社会。

法则九：守住底线

守住底线实际上就是树立底线思维，控制好那些对企业和项目合作有着重大威胁的风险。毕竟，有些错误、有些风险，一旦碰上且不能有效管控的话，企业和合作项目离死亡也就不远了。所以，重大的风险必须把控好，守住不因重大风险对合作项目产生颠覆性、不可挽回影响的底线。

第一是守住不因社会安全风险（最突出的就是暴恐袭击和绑架）对合作项目造成"毁灭性"打击的底线。"一带一路"沿线国家大多是高风险和极高安全风险国家，比较突出的就是中东地区、南亚地区，还有中亚地区。安全风险的一个重要方面就是暴力恐怖活动，当前，呈现恐怖主义全球化、恐怖分子本土化、恐袭方式简易化、袭击目标多样化态势。

第二是守住不因沿线国家政局变化对项目产生颠覆性风险的底线。政治和政局风险很麻烦，"一带一路"沿线国家多为强权政治、强人政治。有些国家的总统在他们当政的时候，往往和中国的政治经济关系很好，但一旦总统去世或者遭遇突发事件，整个国家往往会变天，给既有油气合作带来巨大甚至是颠覆式的风险。类似的问题还有很多，此类风险难以防范，只能未雨绸缪，不仅要跟台上的人打交道，跟反对派也要处好关系。

第三是守住不因地缘政治风险对项目造成重大冲击的底线。地缘政治冲突表现在企业行为上就是，双方的企业在某一地区、某一领域发生激烈角逐和"死磕"。比如日本，跟中国的企业在"一带一路"乃至全球范围，针对能源、铁路、高铁、港口进行全方位的竞争。当然，地缘政治新态势不一定全是坏事，往往是一把"双刃剑"，一方面由于地缘政治的变化，可能会使整体风险急剧增大，另一方面也可能带来更多或意外的合作机会。

第四是守住不因金融风险对项目效益造成惨痛损失的底线。特别要防范利率、汇率异常变动给项目运营带来的风险。像哈萨克斯坦这样的"一带一路"重点国家，其货币政策是紧跟俄罗斯卢布，如果卢布贬值，哈萨克斯坦当地货币（坚戈）极可能就会贬值。笔者记得2014年的一次贬值非常迅猛，坚戈一下贬值23%，这于外国企业而言几乎是灾难性的。

法则十：做好自己

所谓做好自己，就是提升自身的国际化经营管理能力，只有做好自己、练就一身真本领、硬功夫，才能在"寒冬"或"逆流"突然来临时撑得住、活下去。高超的国际化经营管理能力体现在多因素、多维度上，但笔者以为以下三方面显得更加重要。

首先，在合作项目前期评价阶段，能否为项目构建一个正确的经济评价模型。经济评价模型本身的构建相对简单，无非就是一套Excel表格、函数和算法，但模型中各种参数的选取至关重要，比如油价、预期产量水平、折现率、税率、汇率、预期收入与利润等等，其背后反映的是我们对未来油价的预测准确度、对油气田预期储量和未来产量水平的预测到位度、对项目合同条款的理解到位程度、对资源国财税政策掌握程度、对当地经济和金融乃至安全环保情况的了解程度等等，实际上反映的是我们的技术能力和商务能力。通过经济评价，才能计算出项目的净现值（NPV）、投资回收期和内部收益率（IRR），而NPV、IRR等才是决定该项目能不能干、未来能不能赚钱的评判依据。

其次，在项目动工上马后，能否按照既定的进度、批准的预算，高质量地把项目建成投产，实际上是考验我们项目管理能力。"一带一路"地区大型油气项目的投资动辄几十亿甚至数百亿美元，建设周期一般3～5年，这么短时间、这么密集的工作量和投资强度，绝对是对投资者综合能力的考验。内部而言，要精准协调好勘探、开发、钻井、工程建设、采办、预算、财务、后勤（对于上下游一体化的油气项目还包括管道、炼化）等团队，使他们各司其职、无缝连接；外部而言，要统筹协调好各类承包商、服务商、供应商等，按照项目建设进度，做好服务工作。

再次，应不断提升在项目建设过程中的商务运作和利润筹划能力。诚然，油气田的地质禀赋和合同条款奠定了海外油气合作项目盈利的基础，但好的商务运作模式在于帮助作业者靠"过程"赚钱，而不仅仅靠"结果"赚钱。项目运营过程中是否能把握价值创造的关键、规避可能出现的风险，反映了石油企

第二章
"一带一路"能源合作实现包容性发展

业的内在竞争力。比如，BP公司作为伊拉克最大的鲁迈拉油田项目作业者，2009年接管该油田后，立即着手在伦敦筹建上百人的、专门服务于该项目的技术和商务团队（RST，Rumaila Supporting Team），并通过协议方式与伊拉克政府达成一致，在为项目提供技术和商务支持的同时，向政府和其他合作伙伴收取高额专家咨询费。每年，RST为BP公司贡献的净收益高达1亿美元以上。

以上就是笔者梳理出的"一带一路"油气合作十大黄金法则，其中有些内容是笔者近期的一些新思考、新想法，有些是曾经提及过的或在以前文章里写过的。这次算是通过十大法则把涉及"一带一路"油气合作的方方面面做了一个"一揽子"的整理和集成。

共建"一带一路"有了新定位，企业界人士准备好了吗？

细心的人可能会发现，高层对"一带一路"建设的定位悄然发生了变化。

按照十九届五中全会通过的《中共中央关于制定国民经济和社会发展第十四个五年规划和二〇三五年远景目标的建议》（简称《建议》），推动共建"一带一路"高质量发展，要"坚持以企业为主体，以市场为导向，遵循国际惯例和债务可持续原则，健全多元化投融资体系"。而此前，在2015年3月国务院发布的《推动共建丝绸之路经济带和21世纪海上丝绸之路的愿景与行动》（简称《愿景与行动》）中，对"一带一路"倡议的表述，是"高层引领推动""签署合作框架""推动项目建设""完善政策措施""发挥平台作用"。两者一对比，区别立显。

当然，《愿景与行动》中也强调"一带一路"建设要坚持市场运作、合作项目是重点等原则，但相比这次《建议》中直接到位的表述，此前对"一带一路"建设的定位还是模糊了些。

此次《建议》对阐述"一带一路"建设的四句话，短短38个字，为"十四五"及未来一个时期的"一带一路"建设重新定了位，指明了新方向。那就是"一带一路"建设完全是一项经济合作倡议，是市场化、遵循国际惯例的合作。

笔者的理解是：

所谓"坚持以企业为主体"，就是说，"十四五"期间，推动"一带一路"建设的是企业，而非政府。"一带一路"建设实施七年来，经常听到"政府搭台、企业唱戏"这样一种说法。而今后，需要回到企业"自己搭台、自己唱戏"的模式。要把能否盈利、能否实现合理的投资回报作为项目决策的主要依据，而不是动辄以"战略性项目"强行推动上马。政府的作用，更多在于营造开放合作的大环境，并在政策和机制方面做好指导和支持。

所谓"以市场为导向"，就是说，"十四五"期间，"一带一路"建设要市场化运作，要处理好政府与市场的关系，让市场这只"无形的手"发挥主导作用，让政府这只"有形的手"少发挥作用。具体到企业与项目的微观层面，就是要强调竞争，就是要强调市场、营销、成本、收入、利润等本量利分析，在竞争与合作中实现企业与项目的高质量发展。

所谓"遵循国际惯例和债务可持续原则"，就是说，要坚持按市场规则和国际惯例规范运作项目，走国际化和本土化相结合的发展道路，树立企业良好的国际形象；与此同时，要充分考虑到当前及今后一个时期，"一带一路"沿线国家在全球政治经济形势不确定性加剧和新冠疫情持续蔓延等挑战下，债务负担加剧的现实。"一带一路"项目建设，不应给沿线国家带来沉重的债务负担。

所谓"健全多元化投融资体系"，就是说，"十四五"期间，"一带一路"合作项目的投融资渠道要多元化。一方面，"一带一路"合作项目的投资要多元化，多搞中资企业、美欧企业、当地企业三方或多方合作的"联合舰队"，构建"联合体"，而不是中方企业的"独角戏"。通过合资经营共担风险、共享收益，特别要注重与欧美一流的同行在第三方市场的合作。另一方面，"一带一路"合作项目的融资要多元化，不仅要用好中国的商业银行、开发银行、进出口银行以及丝路基金的资金，更要通过高质量的合作项目赢得亚投行（AIIB）、世界银行、亚洲开发银行等国际金融机构的青睐。

那么，中国的企业界人士如何遵照上述的原则，高质量推进"一带一路"项目建设？如何推动"一带一路"建设从"大写意"到"工笔画"？诚然，要"大处着眼"，做好战略层面的谋划，但更要"小处着手"，抓住细节、注重经营，以效益为核心，实现可持续发展。

共建"一带一路"实施十年，成就巨大，但问题也比较多。关键还是立足于项目，把合作项目搞好。高质量发展的一个硬指标是合作项目必须盈利，必须保持合理的回报。关键是要做到市场化、国际化、项目化、专业化和本地化，即市场化运作、国际化标准、项目化运营、专业化管理和本地化立足。

第三次"一带一路"建设座谈会，释放出哪些重要的信号？

2021年11月19日召开的第三次"一带一路"建设座谈会，也可以叫作"一带一路"建设8周年座谈会。2021年是"一带一路"倡议实施8周年。2013年9月7日和10月3日，习近平总书记分别在哈萨克斯坦纳扎尔巴耶夫大学和印度尼西亚国会提出共建"丝绸之路经济带"和"21世纪海上丝绸之路"的倡议，"一带一路"建设的画卷由此徐徐展开。

由于本职工作的缘故,笔者有幸一直跟踪、学习、感悟和参与"一带一路"建设,见证了"一带一路"倡议从"星星之火"到目前的"全面燎原"之势;见证了"一带一路"建设从浓墨重彩"大写意"式的战略规划到精谨细腻"工笔画"式的项目运营;还见证了"一带一路"建设政策沟通、设施联通、贸易畅通、资金融通、民心相通的"五通"从无形到有形、再到无形的"润物细无声",润泽沿线各国……

当然,中国这样一个发展中东方国家提出的一项如此宏伟的国际合作倡议,能把如此多的国家"联通""聚拢"在一起,西方发达国家不开心了,美国这个全球唯一超级大国更不爽了。因为过去200年,中国从未提出过一项系统性的、原创性的、能够对现有国际政治经济秩序产生显著影响的倡议和方案。他们已经习惯了中国的被动接受。但这一次,中国是主动出击。于是乎,"'一带一路':中国的债务帝国主义""'一带一路':中国的落后产能转移战略""'一带一路':中国的碳转移、碳渗漏"等说法甚嚣尘上。

"任凭雨打风吹,我自岿然不动","一带一路"建设不断乘风破浪,向前推进。继2016年8月17日召开的第一次"一带一路"建设座谈会,和2018年8月27日召开的第二次"一带一路"建设座谈会之后,第三次"一带一路"建设座谈会于2021年11月19日成功召开。

那么,相较而言,三次座谈会的主题和内容有什么变化?特别是第三次座谈会,释放出哪些重要信号?

三次座谈会的比较

上面已经提到,在"一带一路"倡议提出3周年、5周年和8周年之际,中央

第二章
"一带一路"能源合作实现包容性发展

分别召开了隆重的座谈会，习近平总书记均出席并做了重要讲话，每一次的座谈会，均为下一阶段的"一带一路"建设和国际合作指明了方向和重点。

表2-1可以直观看出这三次座谈会的基本情况和彼此之间的差别。

表2-1 "一带一路"三次座谈会内容

	第一次座谈会	第二次座谈会	第三次座谈会
会议时间	2016年8月17日	2018年8月27日	2021年11月19日
会议具体名称	推进"一带一路"建设工作座谈会	推进"一带一路"建设工作5周年座谈会	第三次"一带一路"建设座谈会
会议主题	总结经验坚定信心扎实推进，让"一带一路"建设造福沿线各国人民	坚持对话协商共建共享合作共赢交流互鉴，推动共建"一带一路"走深走实造福人民	以高标准可持续惠民生为目标，继续推动共建"一带一路"高质量发展
习近平总书记讲话要点	习近平总书记就推进"一带一路"建设提出8项要求： 1.要切实推进思想统一，坚持各国共商、共建、共享； 2.要切实推进规划落实，周密组织，精准发力； 3.要切实推进统筹协调，坚持陆海统筹、内外统筹、政企统筹； 4.要切实推进关键项目落地，实施好一批示范性项目； 5.要切实推进金融创新，创新国际化的融资模式； 6.要切实推进民心相通，弘扬丝路精神； 7.要切实推进舆论宣传，积极宣传"一带一路"建设的实实在在成果； 8.要切实推进安全保障，加强风险防控	习近平总书记提出6点要求： 1.要在项目建设上下功夫，建立工作机制，完善配套支持，全力推动项目取得积极进展； 2.要在开拓市场上下功夫，搭建更多贸易促进平台，引导有实力的企业到沿线国家开展投资合作。 3.要在金融保障上下功夫，加快形成金融支持共建"一带一路"的政策体系； 4.要推动教育、科技、文化、体育、旅游、卫生、考古等领域交流蓬勃开展； 5.要规范企业投资经营行为，合法合规经营，注意保护环境； 6.要高度重视境外风险防范，完善安全风险防范体系	习近平总书记提出6点要求： 1.要正确认识和把握共建"一带一路"面临的新形势。 2.要夯实发展根基。深化政治互信，发挥政策沟通的引领和催化作用；深化互联互通，完善陆、海、天、网"四位一体"互联互通布局；深化贸易畅通，扩大同周边国家贸易规模；深化资金融通，吸引多边开发机构、发达国家金融机构参与；深化人文交流，形成多元互动的人文交流大格局。 3.要稳步拓展合作新领域。稳妥开展健康、绿色、数字、创新等新领域合作，培育合作新增长点。 4.要更好服务构建新发展格局。统筹考虑和谋划构建新发展格局和共建"一带一路"，聚焦新发力点，塑造新结合点。 5.要全面强化风险防控。落实风险防控制度，压紧压实企业主体责任和主管部门管理责任。 6.要强化统筹协调。坚持党的统一领导，领导小组要抓好重大规划、重大政策、重大项目、重大问题和年度重点工作等协调把关

续表

	第一次座谈会	第二次座谈会	第三次座谈会
参会代表发言情况	9人 ［发展改革委、外交部负责人，福建、新疆、广东、陕西四省区负责人，央企（中交建）、民企、专家代表］	9人 ［发展改革委、外交部负责人，上海、浙江、重庆、四川四省区负责人，央企（招商局集团）、民企、专家代表］	7人 ［发展改革委、外交部负责人，新疆、江苏两省区负责人，央企（中远海运）、民企、专家代表］
会议金句	"一带一路"是我国新时期改革开放的"管总规划"	过去几年共建"一带一路"完成了总体布局，绘就了一幅"大写意"，今后要聚焦重点、精雕细琢，共同绘制好精谨细腻的"工笔画"	把基础设施"硬联通"作为重要方向，把规则标准"软联通"作为重要支撑，把同共建国家人民"心联通"作为重要基础，推动共建"一带一路"高质量发展

注：以上信息来自新华社播发的历次会议通稿，笔者整理。

笔者比较关注在会议上发言的央企企业代表。第一次座谈会是中国交通建设集团有限公司，来自基础设施建设领域；第二次是招商局集团有限公司，来自国际贸易领域；第三次是中远海运集团公司，来自交通运输领域。无论是基础设施，还是国际贸易和航运，均是"一带一路"建设所倡导的"互联互通"，这正体现了"一带一路"倡议的本质内涵。

另外，笔者发现，习近平总书记三次讲话，有三方面的共性：一是强调项目是"一带一路"建设的核心，这畅通、那联通，关键还是要落地，落到具体的项目上；二是强调风险防控，注重安全发展，而在第三次座谈会上，这一点显得尤为突出，处理好发展与安全的关系，注重海外利益保护；三是一定要把互利共赢视为重大原则，在沿线国家多做惠民生可持续的工程项目，充分体现"丝路精神"。

第二章
"一带一路"能源合作实现包容性发展

第三次座谈会释放出哪些重要信号？

2021年11月19日召开的第三次座谈会，是在国际形势错综复杂、大国博弈加剧、新冠疫情持续蔓延，以及气候变化与能源转型势不可当的大背景下召开的。当然，还有党的百年华诞和双循环新发展格局等国内的大事情、大环境。

那么，此次座谈会释放出哪些重要的信号？

第一，也是最关键的，中共中央刚刚召开完十九届六中全会，重磅发布了《中共中央关于党的百年奋斗重大成就和历史经验的决议》，随后便组织召开第三次"一带一路"座谈会。这充分显示出"一带一路"建设的重要性，以及下一阶段如何加快实施高水平对外开放、如何进行高水平全球布局、如何加强中国特色大国外交及高质量开展合作交流的紧迫性。

第二，自第二次座谈会召开以来，已过去三年多的时间，这三年中，世界和中国都发生了一些重大变化。一是新冠疫情持续蔓延，造成"百年未有之大瘟疫"，是人类近百年来遇到的最严重的公共卫生危机，相当程度上改变了人类的生产生活方式，也直接影响到国际关系与国际秩序的走向；二是气候变化和能源转型正以前所未有的步伐在演进，中国提出"30/60"目标，承诺不再新建境外煤电项目，在第26届联合国气候变化大会（COP26）上和美国发布21世纪20年代强化气候行动的联合宣言；三是中美战略对抗从"热闹喧哗"式的外延式博弈，进入"静水深流"式的内涵式角力。针对以上这些重大变化和挑战，其应对举措实际上均在此次座谈会上总书记讲话中得到了回应，有了重大安排部署。因此，绿色、健康、数字、创新成为此次座谈会的关键词。

第三，打气鼓劲，树立下一步继续加强"一带一路"建设的信心。习近平总书记强调，共建"一带一路"仍面临重要机遇。虽然我们面临前所未有的严峻形势，但"我们要保持战略定力，抓住战略机遇，统筹发展和安全、统筹国内和国际、统筹合作和斗争、统筹存量和增量、统筹整体和重点，积极应对挑战，趋利避害，奋勇前进"。其中，这五个"统筹"是重中之重。而"统筹存量与增量"的提法更是鼓舞人心，这意味着，"一带一路"建设还是要拓展新空间、寻找新机遇，一方面优化存量，另一方面加大发展力度，做增量。这给从事"一带一路"合作的企业以巨大鼓舞。

第四，"一带一路"建设要与当下推进构建的"双循环"新发展格局充分融合。习近平总书记强调："要加快完善各具特色、互为补充、畅通安全的陆上通道，优化海上布局，为畅通国内国际双循环提供有力支撑。"而要实现这一点，国内外供应链产业链的衔接是关键。中国经济已经与世界深度融合在一起，回到国内的做法无异于闭关锁国，谈何"走近世界舞台的中央"？还是要打造新型的基于全球的供应链产业链体系，只是，体系的"后台"的核心关键环节要由我们掌控，确保安全发展。

第五，将"一带一路"建设的安全发展、风险防控提升至"海外利益保护"的程度。习近平总书记强调，"要加强海外利益保护、国际反恐、安全保障等机制的协同协作。"这意味着，与此前海外发展中的安全问题和风险防控主要靠企业自身去解决的方式不同，今后，要统筹外交、境外投资与贸易（商业）、反恐、国家安全等各方面力量，形成海外利益保护的系统工程。而海外利益保护体系是一个全球性大国的"标配"。

总之，不管怎么样，不管某些西方大国和周边"无聊"国家如何围追阻击、如何泼脏水，为了中国改革开放的转型升级，为了体现中国人"家、国、天下"的情怀，为了高举全球化的大旗和构建人类命运共同体，为了构建"亲、诚、惠、容"的周边伙伴关系，"一带一路"建设将义无反顾地推进。

"一带一路"这十年：中企践行的"耐心资本"
合作运营模式才是真神

2023年是共建"一带一路"十周年。来自"中国一带一路网"的信息显示，截至2023年6月，中国已经同152个国家和32个国际组织签署200余份共建"一带一路"合作文件。

十年来，从"大写意"到"工笔画"，从顶层设计到走深走实，从大项目到"小而美"，从"政府搭台、企业唱戏"到"以企业为主体、遵循市场化法则"，从原先的64个国家到现在的152个国家，等等，共建"一带一路"已经成为全球范围内影响力最大的经济合作平台。

十年来，共建"一带一路"拉动近万亿美元投资规模，形成3000多个合作项目，为沿线国家创造了42万个就业岗位，将使4000万人脱贫。十年来，中国的经济发展贡献了全球超过38%的经济增长，中国已成为全球120个国家最大贸易伙伴国。

当然，有很多西方国家和一些周边国家并不欢迎中国的共建"一带一路"倡议，它们认为这是中国的"大战略"，是中国以"一带一路"谋求对西方主导的国际经济和政治秩序的替代，是中国"另起炉灶"的行为。于是，西方以及印度、日本等国针对"一带一路"提出了"债务陷阱""新殖民主义""控制欧亚大陆的地缘战略"等论断，不断污名化"一带一路"倡议。过去十年，针对"一带一路"，西方政界和学界走过了一条从不当回事，到后来的极度怀疑，再到目前极度恐慌的"心路历程"。

共建"一带一路"到底好不好姑且不论，但十年来，以企业为主体、市场化运作、遵循国际惯例，一直是共建"一带一路"的主旋律。而且，在"一带一路"倡议提出之前，中国企业就已经在很多东道国从事投资贸易和工程建设等活动，类似活动可以追溯到20世纪90年代初甚至更早。

以能源合作为例，中国石油等一批中资企业早在20世纪90年代初就已经在秘鲁、苏丹、加拿大等国从事油气开发合作业务。中资企业在海外投资和经营至少已有30年时间。当然，在最近十年共建"一带一路"倡议推动下，中资企业"走出去"的步伐更快了，范围领域更广了，规模实力更强了，影响力也更大了。

比如在拉丁美洲，我国能源企业已经在当地持续投资和扎根运营了30年时间；在非洲、中亚和中东等地区，已经在一个国家甚至一个项目投资和运营了20多年的时间。这样的时间跨度已经远远超过了欧美跨国公司在一个国家、一个项目投资运营10年左右即脱手或退出的界限。除了能源领域，其他诸如基础设施建设、工程项目施工、信息通信等领域，中资企业在海外也有类似的特点。

与美欧企业相比，中资企业在海外各地和"一带一路"沿线国家遵循怎样的经营哲学？笔者在过去近20年的战略研究过程中曾经总结过中国企业国际化经营的策略和模式，比如采用"专业化管理"的方式管理海外合作项目，采取"一体化发展"的模式发挥横向和纵向全产业链的优势和协同效应，采取"本地化运营"实现与当地社会和当地供应商、服务商、承包商的共同发展，并使项目雇员充分当地化，等等。但这似乎还不足以说明中国企业海外经营的与众不同，美欧企业也在采取类似的运营管理模式，而且它们可能做得比中资企业更好。直到笔者看到有关中国企业在海外的"耐心资本"（patient capital）投资运营模式的论文和著作，才豁然开朗、恍然大悟，原来这才是中国企业在海外

第二章
"一带一路"能源合作实现包容性发展

的成功之道和"真神",也是中国企业参与共建"一带一路"并取得重大进展和阶段性胜利的"密码"。

那么,何谓"耐心资本"?中国企业的"耐心资本"模式和美欧企业的经营哲学到底有什么不一样?我们先看看林毅夫等中国学者和美国学者史蒂芬·卡普兰(Stephen Kaplan)的研究和解读。

在北京大学教授林毅夫先生看来,"可以利用'耐心资本'的新概念为'一带一路'倡议融资,填补基础设施建设资金缺口。基于儒家文化,中国和一些东亚经济体在'长期导向'指数中排名较高。在我们近来合写的论文中,我们提出了'耐心资本'的概念,即利益相关者/投资者愿意参与东道国发展的'关系'投资,旨在实现共赢。耐心资本所有者是类股权投资者,他们愿意长期将资金'沉没'在实体部门或未上市的基础设施项目——最长可达10年以上,他们愿意、也有能力承担风险。"

在中国人民大学教授崔守军先生看来,"中国开发性金融的国际化进程经历了从边缘到中心的转变,拉丁美洲在中国开发性金融的全球布局中占据重要地位。不同于商业性金融和政策性金融,开发性金融以国家信用为基础、以市场业绩为支柱,具有长期性、战略性和微利性。在合作范式上,以能源和基础设施为主轴,以可持续发展和改善民生为导向,以与中国建交为合作前提条件,以促进中国和拉丁美洲合作国的双边关系为最终目标。在运行机制上,政府与市场协同发力,单边与多边融资并行互促,展现了中国'耐心资本'充足的禀赋优势。在合作成效上,中拉开发性金融合作在拉丁美洲释放了正外部效应,兼顾了国家利益、商业利益与合作国利益的均衡发展,实现了融资、融智和融技的有机结合,促进了中拉双方在整体上互利共赢。"

在史蒂芬·卡普兰先生看来,"出于持久交往和期望和较大的未来贴现率，中国的'耐心资本'相对更不愿意动用其在东道国'退出权'。中国作为全球债券人的出现，通过消除资本退出的威胁，支持了金融稳定，从而提高了政策灵活性，改变了'三难问题'（Rodrik"不可能三角"：民主政治、国家主权、超级全球化）的基础。"

从上面几位学者的论述可以看出，"耐心资本"投资运营管理模式实际上就是：中国开发性银行（或国际多边开发银行，如金砖国家开发银行、亚投行等）的贷款（融资）支持+中资企业在当地基于实体经济合作项目的支撑+中方有效参与合作项目运营管理+通过项目建成运营后获得的收入进行投资回收+合理的投资回报（收入的主体部分由东道国政府获得）+在当地长期运营+双边关系进一步巩固。而这正是以中国石油为代表的中国能源企业在海外的投资运营管理模式的精髓，也是"一带一路"基础设施项目、能源合作项目、信息通信、建筑等领域合作所广泛采用的模式。这种模式既适用于中资企业在当地的绿地投资（FDI），如矿产资源勘探开发和生产，也适用于工程建设和承包，如中电建、中交建、中铁建、中建等企业在海外发展。

在中亚，以跨越土库曼斯坦、乌兹别克斯坦、中国的中亚天然气管道为例。该项目A/B/C线总投资是百亿美元级的，其中70%以上系从中国的商业银行和政策性银行获得。中亚天然气管道项目于2009年12月投产，截至目前已经安全顺利运营超过13年，项目合同周期为30年，若经过合作伙伴协商同意，合同期还可以延长。截至2022年底，该管线项目以累计为沿线国家输送天然气这一清洁能源超过4500亿立方米（折合约3.6亿吨石油），系我国引进境外天然气的最大单一通道。该项目成功实现了中亚各国优势互补、战略共赢、价值共享和利益共得。

在俄罗斯，以中国石油参与投资、建设和运营的北极亚马尔液化天然气

第二章
"一带一路"能源合作实现包容性发展

（LNG）项目为例。该项目总投资也是百亿美元级的，其中60%以上系从中国商业银行和丝路基金获得。项目合同有效期至2045年，也可以通过谈判进行延长。项目于2013年启动建设，是当时北极地区乃至全球规模最大的LNG项目，2017年12月项目首条生产线投产。该项目是"一带一路"倡议提出后，中俄油气领域首个上下游一体化的合作项目，是"一带一路"倡议与"欧亚经济联盟"协同对接的最佳实践。

在中东，以伊拉克油气开发合作项目为例。项目合资始于1997年，截至目前，中国石油累计在伊拉克的投资超过百亿美元。四个主力油田开发合作项目于2010年后陆续投产和上产，四个油田项目的作业总产量超过1.2亿吨。作为伊拉克最大的外国投资者，中国石油始终坚持"在保护中开发、在开放中保护、环保优先"的原则，在帮助伊拉克实现战后重建的同时，也树立了绿色清洁开发的典范。

以上就是"耐心资本"模式在能源合作中得以充分体现的典型案例。其实，"耐心资本"还有一种模式是，合作项目（或合资公司）并没有获得开发性金融的支持，而是通过"自我滚动式投资"，即项目初始收购（进入）资金来自母公司的投入，待项目有了净利润和现金流后，在按计划进行股东分红的同时，拿出一部分投资用于扩大再生产，自我滚动发展。这方面的典型当数中国石油在哈萨克斯坦的阿克纠宾合资公司。中国石油于1997年进入后，已将阿克纠宾油田从年产250万吨的中型油田"滚动发展"成为油气当量1000万吨的大型生产和利润中心，成为哈萨克斯坦总统眼中的"中哈合作的典范"。

最后，还是回到林毅夫先生的文章上来。林毅夫先生在其文章的最后是这样说的：近些年来，亚洲基础设施投资银行、金砖国家开发银行和丝路基金等新的多边或地区性开发银行和发展基金以及其他基础设施或产能合作基金或绿色基金的出现令人鼓舞，因为它们是"耐心资本"的供应者，为世界经济发展提供了正能量和动力。在多极世界，拥有多极发展机构和不同的多边开发银行和发展基金似乎是不可避免的。中国最近关注的新多边主义对全球经济有利。我们乐观地认为，南北双方的合作伙伴可以找到利益共同点，并共同致力于寻找实现可持续发展和世界和平的双赢解决方案。

"一带一路"的"工笔画"：关键是管控好这六类安全风险

以油气合作为重点的能源资源开发一直是"一带一路"建设的重中之重，是"一带一路"倡议的"先行者"和"主力军"，也是"一带一路"建设率先实现从"大写意"到"工笔画"的产业。毕竟，相较于其他领域，"一带一路"的油气合作要追溯到20年之前。

第一个吃螃蟹的是中国石油。1997年，中国石油抓住苏联解体后中亚地区地缘政治调整的战略机遇期，契合哈萨克斯坦油气领域对外开放、吸引外资的诉求，一举拿下该国阿克纠宾州的油气田项目资产集群。经过20多年的开发建设和运营，该项目2018年油气作业产量依然保持在1000万吨以上，一直保持着哈萨克斯坦第四大油气生产商和供应商的名头。该项目20多年的深耕细作堪称是一部细致至极的"工笔画"。

2021年，习近平主席在第三次"一带一路"建设座谈会上强调，要处理好"发展"与"安全"的关系。当前，随着大国博弈和竞争加剧，以及能源地缘政治等风险持续高企，如何确保共建"一带一路"合作项目运营，是高质量推进"一带一路"建设的重中之重。

项目是"一带一路"建设的核心和载体。当我们回顾阿克纠宾油气田项目

第二章
"一带一路"能源合作实现包容性发展

和同类项目的运营管理历程,不禁发现,对安全的把控和逐一化解此起彼伏的"安全风险""安全陷阱",才是项目生存立足的根本。

这里的安全不是狭义的安全,不仅是人身安全和安保防恐,而是一种"大安全"的概念。具体来说,有以下六类安全风险是能源资源开发企业以及相关领域的"一带一路"投资者需要注意和防范的。

第一类:大国博弈、地缘政治冲突对油气合作项目带来的"战略安全"风险。"一带一路"地区涵盖太多的能源"战略要冲",中东的波斯湾、俄罗斯美欧争夺的乌克兰、中国南海、巴基斯坦印度洋出海口、马六甲海峡、苏伊士运河、博斯普鲁斯海峡(土耳其),以及孟加拉湾等等,无一不对"一带一路"乃至全球的能源地缘政治产生重要影响。

这些要冲往往都是大国博弈的焦点。当前,美国恢复并加大对伊朗的石油制裁,以及美国与俄罗斯交恶而加大对俄罗斯的制裁,是中国企业参与"一带一路"油气合作面临的主要"战略风险"。

战略风险无法或难以在企业层面进行化解,除非大国关系得以调和,或者周边地区的紧张态势呈现"柳暗花明"。企业唯一能做的就是做好"情景分析",能够准确预测最坏情景的出现并备有应对危机的预案。

第二类:强人政治时代变迁引发政局动荡而导致的"政治安全"风险。"强人政治"表现最突出的是中亚地区。2016年9月,乌兹别克斯坦总统卡里莫夫突然离世,在中亚地区引发了不小的波澜,也给中国与中亚的油气合作带来了较大的不稳定因素。中国引进境外天然气的最大通道——中亚天然气管道就从乌兹别克斯坦过境。卡里莫夫是乌兹别克斯坦的"立国总统",苏联时期就是知名的政治家,其离世的确让乌兹别克斯坦和周边国家心慌不已。好在后面的局势过度平稳,乌兹别克斯坦也顺利变迁到"后卡里莫夫"时代。

无独有偶，2019年3月19日，比卡里莫夫名头更响、影响力更大的哈萨克斯坦立国总统——纳扎尔巴耶夫"意外"宣布辞职，并由参议院议长托卡耶夫任临时总统，在国际社会和哈萨克斯坦国内引发了不小的震动。就在大家纷纷问"后纳扎尔巴耶夫时代"是否来临之际，2022年1月，哈萨克斯坦发生骚乱事件，导致纳扎尔巴耶夫下台，托卡耶夫总统进一步巩固其在哈萨克斯坦的领导地位。该事件及2022年2月爆发的俄乌冲突对整个中亚地区及哈萨克斯坦的内政外交带来极大影响。业内人士都在问，未来十年甚至二十年的中哈两国能源合作之路到底怎么走？

"强人政治"的一个典型特征是，强人在，岁月静好，强人走，烽火连天。对于外国投资者而言，资源国强人政治时代变迁引发的"政治安全"风险着实不可小觑。对于此类风险的防范，一个重要考量就是企业要按照国际惯例运作项目，项目的立项和审批都要经得起法律的检验，而非通过什么"特殊关系"获得，这样即便反对派上台也难以置项目于死地。

第三类：资源国对外合作政策变化、国家政策调整而对合作项目产生的"经济安全"风险。要知道，油气合作项目能够顺利开工建设的前提是项目的经济可行性和技术可行性。技术可行性取决于外国投资者的技术能力，没有太多的"外部性"。而经济可行性则要复杂得多，除了受到外国投资者本身的经济实力和评价标准的影响，更多是由资源国既有的对外合作政策（反映在油气合同条款上）和财税政策所决定。

因此，大部分油气项目合同均设有"稳定性"条款，其目的就是外国投资者防范资源国随意变更合作政策。但是别忘了，"政府才是永远的老板"。在资源国政府面前，外国投资者永远是"弱势群体"。面对变得更加苛刻的合作条款，外国投资者要么接受，要么退出。

构建相对稳定的资源国合作政策机制和变更后的协商机制、法律仲裁机制,于油气合作项目而言,往往是事半功倍的。

第四类:资源国大选、政府更迭导致的"政局安全"风险。近一年来,由于资源国(东道国)总统总理大选发生领导人更迭而导致"一带一路"重大合作项目搁浅或停工的不在少数。最为典型的就是马来西亚。马来西亚前总理马哈蒂尔在2018年的大选中击败时任总理纳吉布而再次上台后,就立即叫停了由中国企业投资承建的"马新高铁"(马来西亚至新加坡)等重大项目。而数年前由于缅甸民主化进程加速、缅甸领导人更迭等因素导致的中国企业在缅甸投资的"密松水电站项目""莱比塘铜矿"等重大能源矿产项目遭遇停工或搁置的事件尚历历在目。

执政理念不一的反对党或西方势力扶持的领导人上台,往往是中国公司在当地投资或承包的重大工程项目的"滑铁卢"。应对此类风险的一个有效办法是"联合投资""抱团取暖",充分吸纳西方大型跨国公司、本地有实力的公司进来成为项目合作伙伴,共担风险、共享收益。

2022年以来,非洲国家进入政变和政权更迭的高发期,几内亚、马里、布基纳法索、尼日尔等国家相继发生政变或政变未遂,在非洲萨赫勒地带形成了一个可怕的"政变传染带",而这一地区又是共建"一带一路"能源资源和矿产开发合作项目扎堆的地区,不断高企的安全风险成为首要威胁。

第五类:资源国极端势力和暴力恐怖袭击引发的"人身安全"风险。这类安全风险是普遍意义上的安全风险,也是最为典型的安全风险。"一带一路"沿线大多为伊斯兰国家,不能否认的是,伊斯兰激进组织往往是暴力恐怖袭击的始作俑者。

"一带一路"沿线个别重点节点国家,如阿富汗、巴基斯坦等,往往是恐怖主义的策源地和集中爆发地。而"一带一路"的油气合作项目，往往多集中在中东、中亚和南亚的上述国家中。另外，尽管伊斯兰国作为一种整体的势力已经不复存在、烟消云散，但其"化整为零"而带来的独狼式袭击在"一带一路"一些重点资源国不容小觑。

应对此类风险一方面是做好安全守护、重要安全信息情报的准确获取和提前预判，但另一方面更为重要的是，与资源国当地搞好关系，将项目自身融入当地人民、当地部族的"汪洋大海"，利用人民的力量保护项目和项目人员。依靠当地力量取得安全守卫胜利的案例在巴基斯坦、安哥拉、伊拉克的油气项目中曾有充分体现。

第六类：美欧发达高端市场因难以有效处理劳工、环保、原住民、法律合规等问题而产生的社会安全风险。这里并不是说，亚非拉等发展中资源国不存在类似问题，而是上述问题在发达市场国家更为显著。我们也把此类风险称为"非技术"风险，也就是说，技术风险往往可以通过企业的能力解决，而"非技术"风险是社会性的，具有更大的外部性。

此类风险为什么在发达市场更为明显？因为发达国家往往是"大社会、小政府"的治理模式，社区、社群乃至个人的力量都很强大。而且，发达国家在环保和劳工问题上的高标准，在原住民问题处理上的复杂性，以及在合规、透明管理上的高要求，无疑比发展中国家要严格得多。这就使得中国企业在"一带一路"的发达国家从事投资与运营时，总觉得不爽、不舒服的主要缘由。

对此类风险的管控没有其他更好办法，一是多积累、多学习，找到与当地社会打交道的方式方法；二是参考世界一流同行的最佳实践，把自己变成一流的企业，赢得当地尊重；三是未雨绸缪、做足应对预案，并做好为处理"非技术"风险买单（包括项目拖工期）的准备。

第二章　"一带一路"能源合作实现包容性发展

"一带一路"倡议和项目合作需要飞得更高，但更需要平安落地。当我们回望过去十年共建"一带一路"之路，真正兜底的是"一带一路"范围内重大项目的安全平稳运行。

（本章执笔人：陆如泉）

第三章

"双循环"发展格局下的"一带一路"能源合作

第三章
"双循环"发展格局下的"一带一路"能源合作

"双循环"发展格局是指以国内大循环为主体、国内国际双循环相互促进的发展格局。这是以习近平同志为核心的党中央,深刻把握我国社会主要矛盾发展变化带来的新特征新要求,着眼中国经济中长期发展作出的重大战略部署。2020年5月23日,习近平总书记在看望参加政协会议的经济界委员时提出:"逐步形成以国内大循环为主体、国内国际双循环相互促进的新发展格局,培育新形势下我国参与国际合作和竞争新优势。"标志着我国由过去"大进大出、两头在外"的外向型经济开始向"双循环"发展格局转变。

这也预示着,未来较长一个时期,我国将进入一个以国内循环为主体、国内国际双循环相互促进的新发展阶段,即"以内为主、以内促外、内外联动"的双循环格局。

我国油气行业一直是国家能源安全和经济发展的护航者;特别是过去30年,以三大石油央企为代表的国际化经营和近10年的"一带一路"能源合作,为构建海外资源与国内市场有效联动的油气格局,为我国经济深度融入全球化和保障国家能源安全做出了巨大贡献。未来,从新发展格局和油气产业链本身的特点看,油气企业将朝着"保供+创效+降碳"更高的"三合一"发展目标迈进,需要以更高水平参与国际循环和"一带一路"建设,以国际循环促进国内循环。于我国能源企业而言,"双循环"发展格局意味着跨国经营面临新的挑战和机遇，相应地，"一带一路"能源合作战略与策略也亟须做出优化和调整。

"双循环"发展格局的内涵与特点

改革开放以来特别是加入世贸组织以来，我国加入国际大循环，市场和资源"两头在外"，形成"世界工厂""大进大出"发展模式。但是，近年来随着国际国内形势的变化，我国的经济发展遇到了一些新情况新问题：从国内看，经过长期努力我国人均国民生产总值超过一万美元，需求结构发生重大变化，生产体系内部循环不畅和供求脱节现象显现，"卡脖子"问题突出，结构转换复杂性上升；从国际看，近年来西方主要国家民粹主义盛行、贸易保护主义抬头，经济全球化遭遇逆流，新冠疫情影响深远广泛，逆全球化趋势更加明显，全球产业链面临重大冲击。面对变化了的国内国际形势，必须在打通国际大循环的同时，进一步畅通国内大循环，提升我国经济发展的自主性，如此才能推动经济持续健康发展。

《中共中央关于制定国民经济和社会发展第十四个五年规划和二〇三五年远景目标的建议》中指出，要立足国内大循环，发挥比较优势，协同推进强大国内市场和贸易强国建设，以国内大循环吸引全球资源要素，充分利用国内国际两个市场两种资源，积极促进内需和外需、进口和出口、引进外资和对外投资协调发展，促进国际收支平衡。这为我国能源企业下一步实施国际化经营和推进"一带一路"建设指明了方向。

第三章
"双循环"发展格局下的"一带一路"能源合作

基本内涵

随着我国经济发展进入新阶段，逐步形成"以内为主、以内促外、内外联动"的"双循环"发展格局，其核心要义在于：充分依托超大规模市场优势，培育和挖掘内需市场，推动产业结构优化和转型升级；坚定维护多边贸易体制，将国内经济融入经济全球化当中，实现国内循环和国际循环相辅相成、相得益彰、相互促进，提升国内国际双循环的效率和水平。

主要特点

一是坚持新战略基点：扩大内需。将扩大内需作为新的战略基点，随着国际形势的变化，促进多层次的内需成为工作重点；扩大内需和供给侧结构性改革相互促进，二者缺一不可；全要素工业体系变得更有韧劲，更有效益，更加安全。

二是明确新关键任务：产业创新。将产业创新作为国内循环的关键任务，提高创新能力，优化产业结构，打破国外技术垄断，加强产业链薄弱环节的发展，完善产业配套设施，确保产业创新协调发展，不断提高应对风险能力，市场经济体系迎来高质量发展。

三是树立新循环主体：国内大循环。强调国内大循环的重要性，作为最大的潜在贸易市场，市场潜力有待释放；充分发挥大市场优势，提高贸易吸引力，以内需吸引国际贸易商，发挥国内市场效应，完善国内流通方式，提高贸易质量和竞争力，国民经济依赖世界市场的程度（外向度）降低，居民可支配收入占GDP比重增加，居民消费能力将增强。

四是推动新开放格局：国际大循环。以国际大循环推动高质量对外开放，在国内循环市场中，也不能放弃国外市场，与世界深度融合，出口导向型的贸易政策转变为既鼓励出口也鼓励进口；引进外资、走出去投资实现"双向平衡"；以沿海开放为先转变为东中西同步开放；全方位、宽领域、多渠道对外开放；从过去要素流量开放，转变为制度规则开放。

五是建立新互动关系：双循环相互促进。以双循环相互促进为互动关系，在内循环中要挖掘市场潜力，保障产业链协同稳定；在外循环上要开放融合，加强产业的国际合作；在内外交互上，要统筹兼顾，利用好国内外两个市场，引导要素合理流动，使国内国际双循环相互完善，进一步推动扩链、补链、强链。

中国油气行业具有参与"双循环"的良好基础

尽管美国实施贸易战等逆全球化行为，但是全球化趋势不可逆转。中国作为全球化积极推动者，未来对外开放的步伐不会改变。作为负责任大国，我国政府积极参与全球治理、人类命运共同体构建以及"一带一路"倡议推进。

从油气行业来看，我国对外依存度很高，石油对外依存度一直维持在70%以上，天然气对外依存度在40%以上。要满足国内的能源需要，客观上要求我国的油气行业必须积极参与国际大循环。事实上，三大石油央企等油气企业已经在海外业务方面取得了突出成绩，具备参与国际大循环的基础。例如，截至2020年底，我国油企累计海外投入超过3500亿美元；海外油气权益产量当量达到2亿吨；我国油企参与的国际油气贸易当量总量已接近10亿吨，占全球油气跨境贸易总量约20%。

第三章
"双循环"发展格局下的"一带一路"能源合作

油气行业一直是国家能源安全和经济发展的"护航者"

我国是世界上最大的能源生产国和消费国，保障国家能源安全和经济社会平稳发展，始终是油气行业的首要任务。油气行业在新中国成立初期，为共和国工业的建立和发展输送了能源血液，有力支撑了我国的工业化进程。面对能源供需格局新变化、国际能源发展新趋势，2014年习近平总书记提出必须推动能源消费、供给、技术、体制革命，全方位加强国际合作，"四个革命、一个合作"成为今后较长一个时期我国能源产业发展的总纲领。

不同类型油气企业参与双循环的特点

油气行业呈现着寡头垄断特征。三大石油央企，作为国民经济增长的"压舱石""稳定器"，增储上产，承担着保障国家油气安全供应的首要任务，三者占据超过九成的原油生产和进口。中国石油和中国石化的炼油加工能力、加油站数量均占据半壁江山。2018年，中曼石油成为国内第一家获得探矿权的民营企业，为油气上游放开埋下伏笔。随着成品油批发市场开放、原油进口配额向民企放开、管网等中游基础设施向第三方市场主体的公平开放等一系列重大改革政策出台，成品油零售市场形成"两大多小"竞争格局，炼化版图转变为中国石油、中国石化与其他国企和地方炼厂"三分天下"的局面。

例如，从2020年国内原油生产规模、炼油规模和成品油销售规模来看，中国石油分别为1亿吨、1.6亿吨和1.6亿吨；中国石化分别为0.35亿吨、2.39亿吨和1.84亿吨；而中国海油分别为0.77亿吨、0.44亿吨、0.22亿吨；延长集团在上游有一定优势，国内原油生产0.15亿吨；民营企业重在参与炼化环节（以及部分销售），炼油规模达4亿吨左右；中国石油是国内最大的天然气供应商，2020年国内产量当量首次突破1亿吨，同比增加116亿立方米。还可以看出，无论是与中国石化、中国海油，还是与民营企业对比，中国石油在"上下游匹配、国内外并重"的双循环表现方面，都处于佼佼者的位置。

油气产业链"双循环"表现与特点

石油产业链方面：2020年我国原油对外依存度为73%。BP统计数据显示，截至2020年，全球石油储量下降至1.732万亿桶，我国石油储量处于第13位，整体排名较高，但仅占全球的1.5%，与我国石油消费严重不符。长久以来，我国大量进口原油来弥补能源缺口，这也造成了我国成品油产业受国际原油产量及油价波动影响较大。2020年，我国国内成品油表观消费量为2.9亿吨，国内成品油产量也随之萎缩，仅为3.31亿吨；出口成品油4574万吨。原油大量依赖进口，炼油产能过剩，成品油存在出口，是我国石油产业链中存在的实际问题。据"十四五"规划，未来将减少对化石燃料的依赖，大力发展新能源。短期来看，替代能源对油气的影响虽然不是很大，但长期看，未来汽车动力的大方向仍将朝新能源发展，届时我国炼厂的转型势在必行，石油炼化的重点将不再向石油燃料靠近。成品油产业将面临出口空间有限、需求结构变化、产品质量升级、环保压力加大等多重挑战，贸易商也要根据全球贸易变化的新趋势，积极参与国际双循环之中。

天然气产业链方面：2020年我国天然气对外依存度为42%。截至2020年，我国天然气探明储量达8.4万亿立方米。2020年我国天然气产量1925亿立方米，同比增长9.3%，增长明显；天然气消费量同比增长约7.2%，产量增速高于消费量增速，使得对外依存度略有下降。2020年，全社会对于能源和电力的需求下降，但其中天然气逆市实现正增长，不过增长趋缓。我国天然气产业发展面临挑战，但整体而言，天然气产业在一定时期内还将维持稳步发展的总基调，朝着高质量发展迈进，在天然气国际投资和贸易方面仍存在诸多参与国际循环机会。从外部不可抗力带来的资源供应波动风险、持续极寒天气条件下需求激增等内外部事件对产业链带来的冲击角度考虑，相较于石油产业链，天然气产业链的韧性更有待加强。

"保供+创效+降碳"三重目标要求油气行业更高水平参与国际循环

"十三五"是油气行业深具里程碑和分水岭意义的时段。油气体制改革政策逐一落地，行业上中下游环节越来越开放。2020年我国相继提出"双循环"与"双碳"两项值得注目的重要战略目标。立足双循环新发展格局，我国油气行业市场参与主体更加多元化，行业、企业面临"保供+创效+降碳"更高的"三合一"发展目标，构建新的能源发展体系，进一步提升能源作为生产要素的全球比较优势，需要以更高水平参与到国际循环中去，以国际循环促进国内循环。

"双循环"与"一带一路"协同分析

"双循环"与"一带一路"关系辨析

"双循环"与"一带一路"一脉相承，在背景、经济、国际关系、能源和可持续发展方面都存在诸多相似点，但也有所区别，故对"双循环"与"一带一路"的异同从上述五个方面展开细致分析。

提出动机

从图3-1中可以看出，在时代背景方面，"一带一路"建设与构建"双循环"新发展格局，均是立足于国内大循环，实现国内的平衡充分发展，并以高质量国内循环推动高水平的国际循环，实现国内国际良性循环，两者既存在统一性又存在差异性。从时间维度上看，"一带一路"倡议与"双循环"新发展格局的提出间隔七年，"双循环"既有对"一带一路"重要思想的延伸，也有顺应新时代发展需求的创新。

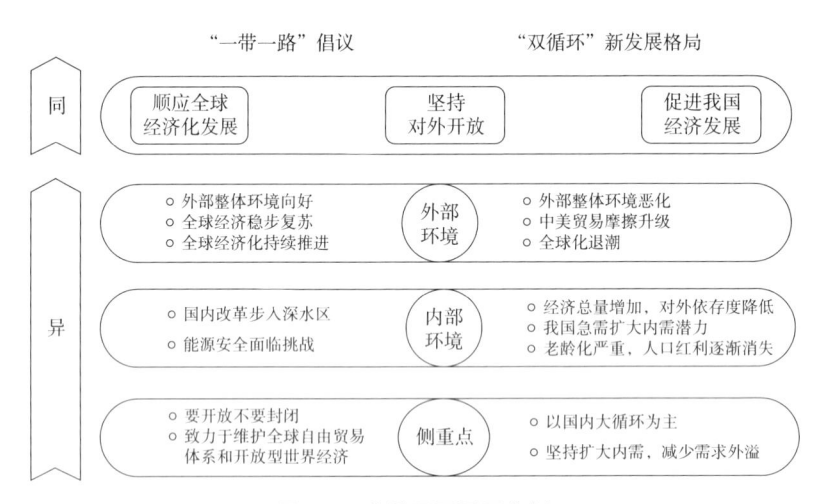

	"一带一路"倡议		"双循环"新发展格局
同	顺应全球经济化发展	坚持对外开放	促进我国经济发展
异	○ 外部整体环境向好 ○ 全球经济稳步复苏 ○ 全球经济化持续推进	外部环境	○ 外部整体环境恶化 ○ 中美贸易摩擦升级 ○ 全球化退潮
	○ 国内改革步入深水区 ○ 能源安全面临挑战	内部环境	○ 经济总量增加，对外依存度降低 ○ 我国急需扩大内需潜力 ○ 老龄化严重，人口红利逐渐消失
	○ 要开放不要封闭 ○ 致力于维护全球自由贸易体系和开放型世界经济	侧重点	○ 以国内大循环为主 ○ 坚持扩大内需，减少需求外溢

图3-1 背景层面异同分析

虽然"一带一路"与"双循环"都包含了对外开放的重要思想，且核心目标都是为了促进我国经济稳定发展，但是由于两者所面临的内外部环境存在差异，导致其侧重点也有所不同。"一带一路"倡议在全球经济缓慢复苏的大背景之下提出，正值我国外部经济环境整体向好，国内经济一路高歌猛进的重要阶段。因此，国家通过"一带一路"积极发展与沿线国家的经济合作伙伴关系。而提出"双循环"是由于中美经济摩擦全方位升级，同时国内经济亟须通过扩大内需来降低对外依存度，我国面临着前所未有的严峻挑战。在此背景

第三章
"双循环"发展格局下的"一带一路"能源合作

下,"双循环"强调以国内大循环为主,首先扩大内需,通过供给侧结构性改革,减少需求外溢,进而促进国内国际双循环。当前国际局势变幻莫测,经济形势严峻,应合理统筹"一带一路"与"双循环",充分把握两者的结合点,做到同频共振、共同发力。

经济发展

"双循环"通过内需发力,更好联通和利用国际国内两个市场、两种资源实现可持续发展。国内大循环不是封闭式发展,而是在内需层面更高质量的开放。"双循环"战略为"一带一路"的进一步发展带来了机遇和强大的推动力,"一带一路"所实现的"五通"也为"双循环"提供了更为坚实的发展平台。两者在经济层面的关系主要体现在经济交流、市场消费、企业生产和宏观调控政策四点,具体如图3-2所示。

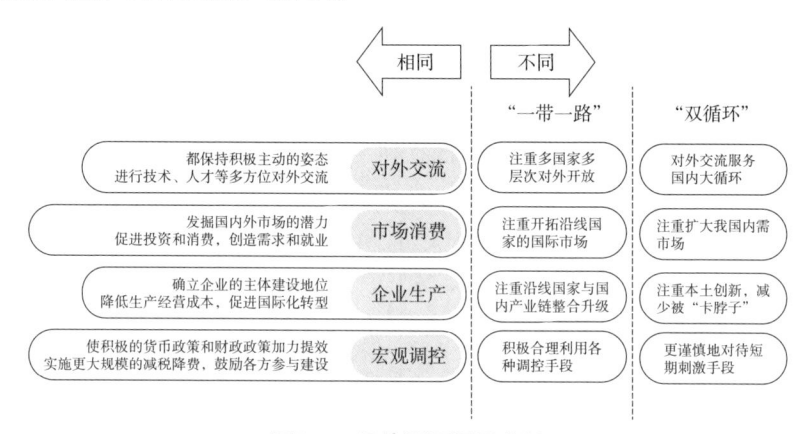

	相同 ←	不同 →	
		"一带一路"	"双循环"
对外交流	都保持积极主动的姿态进行技术、人才等多方位对外开放	注重多国家多层次对外开放	对外交流服务国内大循环
市场消费	发掘国内外市场的潜力促进投资和消费,创造需求和就业	注重开拓沿线国家的国际市场	注重扩大我国内需市场
企业生产	确立企业的主体建设地位降低生产经营成本,促进国际化转型	注重沿线国家与国内产业链整合升级	注重本土创新,减少被"卡脖子"
宏观调控	使积极的货币政策和财政政策加力提效实施更大规模的减税降费,鼓励各方参与建设	积极合理利用各种调控手段	更谨慎地对待短期刺激手段

图3-2 经济层面异同分析

基于图3-2可以看出,"双循环"和"一带一路"都要求我国继续与周边国家在经济方面进行更高质量的对外交流和对国内国际经济市场的整合升级。然而两者的着重点各有不同:"一带一路"注重展现我国积极主动的经贸姿态,鼓励地方、有关金融机构和企业立足自身优势,在沿线国家更大范围地参

83

与国际交流与建设;"双循环"则更加注重国内企业投资、生产、消费的完整闭环,通过鼓励国企发挥比较优势,以经济上的"外循环"打通"内循环"堵点,实现中国经济长期的可持续健康发展。

国际关系

"双循环"与"一带一路"都是新发展阶段为了解决国内不平衡不充分的发展以及经济全球化不充分不平衡的发展而做出的全面部署,以"创新、协调、绿色、开放、共享"的新发展理念为指导,坚持开放、绿色、廉洁理念,实现高标准、惠民生、可持续的发展目标,为解决全球性问题,为健全全球治理机制提供中国智慧并贡献中国力量。两者在国际关系方面存在联系,具体如图3-3所示。

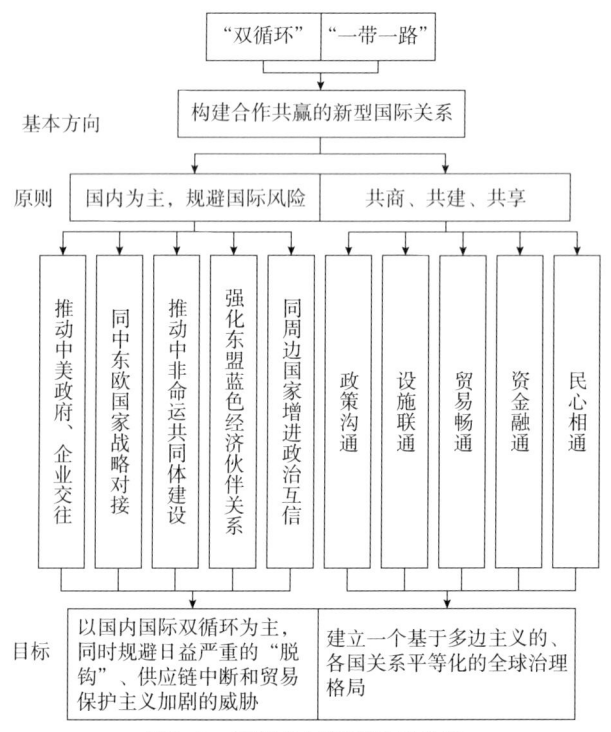

图3-3 国际关系层面异同分析

第三章
"双循环"发展格局下的"一带一路"能源合作

基于图3-3可以发现,"双循环"与"一带一路"在处理国际关系具有一致的方向,即构建合作共赢的新型国际关系。然而两者的侧重点略有不同:前者更多的是优先发展国内市场,尤其是在俄乌冲突之后,改善国际关系要以规避国际风险为前提;后者则是积极参与全球治理体系的构建,努力建立一个政治互信、经济融合、文化包容的利益共同体、命运共同体和责任共同体。面对当前的全球形势,需要在规避风险和积极参与两者之间寻找平衡点,聚焦新发力点,塑造新结合点。

能源发展

作为经济社会发展的基本要素,能源贯穿于经济发展全过程。"一带一路"沿线能源市场潜力巨大,国际合作前景广阔,中国借助于沿线国家的产能合作,提升在全球市场供给中的数量和质量,并推动自身产业结构升级。在"双循环"和"一带一路"背景下,能源行业发展的目标与途径顺势而变,具体关系如图3-4所示。

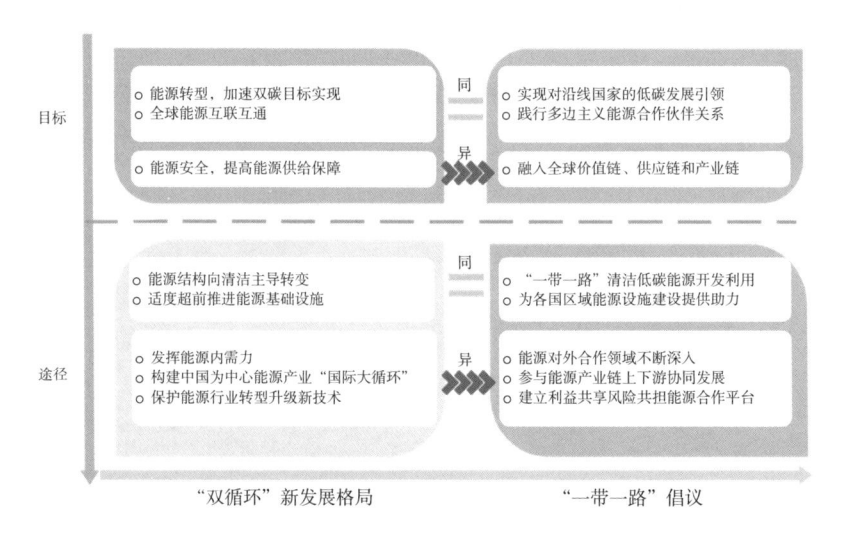

图3-4 能源层面异同分析

基于图3-4可以看出，加快能源转型和加强全球能源层面的高质量合作是"双循环"和"一带一路"共同的目标。两者实现目标的一致途径为改善能源结构实现绿色发展和更加重视能源基础设施建设。"双循环"立足于能源安全，需要更好地发挥能源市场内需，减小对外部市场的依赖，做好能源转型升级技术保护工作，构建以中国为中心的能源国际循环。"一带一路"旨在有效融入国际循环，需要不断深入能源对外合作，参与能源产业链上中下游协作发展以及建立利益风险共担的能源合作平台。由此看出，"双循环"与"一带一路"在能源系统的协作作用无法分割，两者相互促进，相互支撑才能实现中国能源产业升级，达到高质量发展的目的。

可持续发展

"双循环"在可持续发展方面依托"一带一路"平台前期在外部建立的绿色合作伙伴关系和科研项目，更好地落地实践并拓展绿色产业园区，实现全球的绿色升级。同时又促进"国内大循环"，实现国内在高新技术上的产业升级，并借此助力我国的能源结构转型。"一带一路"与"双循环"均体现我国积极探索绿色发展，助力沿线国家提升可持续发展水平，两者始于相同的目标，遵循着不同的实现路径，如图3-5所示。

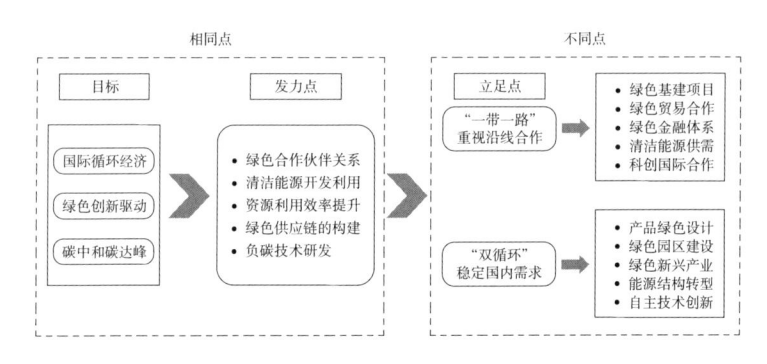

图3-5 可持续发展层面异同分析

基于图3-5可以发现，"双循环"与"一带一路"在贯彻可持续发展思想方面有着相同的目标，尤其是提出"双碳"之后，二者依托国际绿色合作伙伴关系，在绿色低碳、清洁能源、资源利用等方向共同发力。然而两者有着不同的立足点："一带一路"倡议更注重于沿线国家的合作，通过增加在国外的绿色基建项目，建立区域绿色金融体系等，促进国际经济可持续发展；"双循环"则基于稳定内需这一大前提，通过倡导绿色产品设计、建设绿色园区等来实现经济、社会、环境的可持续发展。

异同分析及协作效应总结

"双循环"新发展格局和"一带一路"倡议都具有维护国家经济稳定的出发点、合作共赢的国际关系方向和可持续发展理念（见图3-6）。虽然二者实现目标的路径和举措有所不同，但基于上述分析会发现这五个方面各自的实现路径之间具有相互渗透、相互支撑的关系，将"双循环"新发展格局和"一带一路"倡议进行协作关系研究，会对国际关系、国家经济和能源产业等产生一定的作用。具体的协作效应体现在国家层面和能源层面，如图3-7所示。

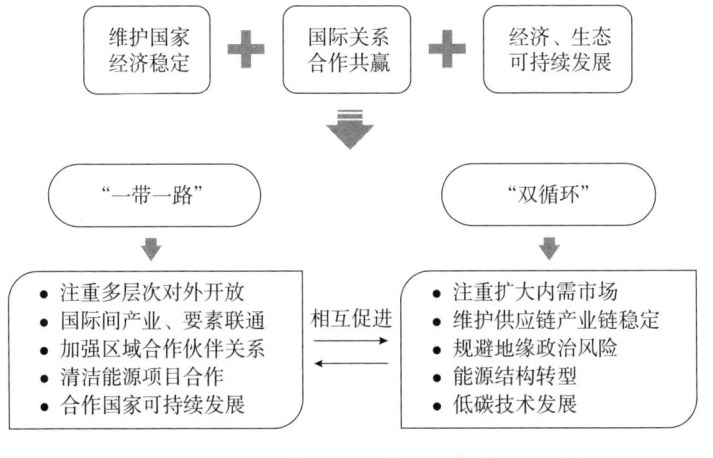

图3-6 "双循环"与"一带一路"的异同分析

国家层面	能源层面
有利于降低周边地缘政治风险维护我国和平发展的空间	有利于推动能源安全新战略实施促进能源合作可持续发展
有利于我国参与共同维护全球供应链产业链安全稳定	有利于丰富能源进口来源降低集中程度和外部不确定因素
有利于推进"一带一路"关系发展共同维护多边贸易体制	有利于加速能源消费结构转型促进可再生能源发力
有利于加快全方位互联互通推动全球经济治理体制变革	有利于促进油气全产业链协同融合发展

图3-7 "双循环"与"一带一路"的协作效应

综合上述总结分析可以得出，实施"一带一路"和"双循环"新发展格局，不仅可以降低我国地缘政治风险、打通产业链卡点和堵点，同时能够实现与沿线国家共同发展繁荣，推动经济全球化朝着共赢的方向发展，对能源产业的发展也起到重要的推动和保障作用。因此，研究"一带一路"和"双循环"的关系并找到两者的共同发力点是当前形势下的必由之路。

"双循环"与"一带一路"协同机制研究

协作功能

"双循环"新发展格局和"一带一路"都是中国主动谋发展，推动经济全球化向开放、包容、普惠、平衡、共赢方向发展，为了解决国内以及经济全球化不平衡不充分发展而做出的全面部署。"双循环"与"一带一路"相互协作，具有以下几个方面的作用，如图3-8：

第三章　"双循环"发展格局下的"一带一路"能源合作

```
1  去中心化，对冲全球化风险
   形成"中心-外围"模式，
   以我为主、风险可控的发展
   路径

2  同频共振，内外一体
   促进我国实现更高质量、更
   有效率、更加公平、更可持
   续的新发展格局

4  更高水平对外开放
   挖掘内需潜力，化解外部冲
   击，打造全国统一大市场，
   畅通国际国内大循环，推动
   更高层次变革，实行更高水
   平开放

3  维护全球供应链稳定，提升我国
   全球供应链地位
   实现供应链产业链畅通衔接，增
   强产业抗风险能力，构建更加顺
   畅、自主、安全的供应链产业链
   体系
```

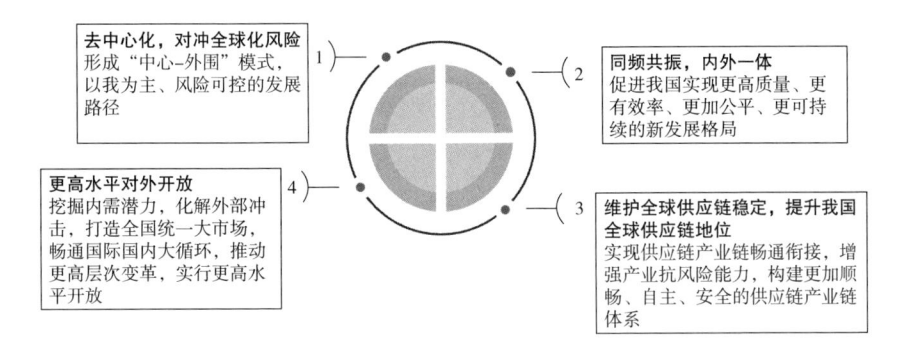

图3-8　"双循环"与"一带一路"的协作功能

一是去中心化，对冲全球化风险。"双循环"和"一带一路"建设都是对冲资本全球扩张的新自由主义全球化形成的"中心-外围"模式，同时从供给侧、需求侧两端双向发力，畅通国民经济、国际经济的生产、消费、贸易和投资。"双循环"新发展格局借助"一带一路"发展平台打造去中心化的经济全球化，激发内需潜力，推动供应链产业链优化升级、区域均衡发展以及供给侧和需求侧相互协调，把我国超大规模市场潜力转化为超大规模资源配置和超大规模国民经济循环，形成以外循环服务内循环、以内循环促进外循环的"以我为主、风险可控"的发展路径。

二是同频共振，内外一体。从空间维度看，"双循环"其中一个重点是优化国土空间布局，推进区域协调发展；"一带一路"则是优化经济全球化空间布局，推进洲、地区、国家间协调、联动、包容发展，更好实现各国可持续发展目标。"双循环"强调创新在我国现代化建设全局中的核心地位，把科技自立自强作为国家发展的战略支撑；"一带一路"建设也强调创新、绿色、数字化，这些都是应经济全球化转型发展战略之举的同频共振，两者互相协作，助力实现更高质量、更加公平、更可持续的新发展格局。

三是维护全球供应链稳定，提升我国全球价值链地位。"一带一路"强调深化国际产能合作，构筑互利共赢的供应链产业链合作体系；"双循环"强调在巩固我国世界工厂地位基础上实现向"世界市场"升级，提升我国在全球价值链、供应链、产业链地位。推动形成全面开放新格局和发展更高层次的开放型经济为高质量推进"一带一路"建设提供了必要动力，而"一带一路"则是应对变局的"润滑剂"，"双循环"和"一带一路"相互协作发展，就是在实现供应链产业链畅通衔接，实现来源多元化；增强产业"韧性"和"抗冲击"能力，加强海外利益安全保护，相互促进国内国际双循环，构建更加顺畅、自主和安全的供应链产业链体系。

四是更高水平对外开放。"双循环"以国内大循环为主体，利用国内雄厚的工业基础、完整产业链条、超大市场规模等特点，畅通生产、分配、流通、消费等经济运行的各个环节来推动实现包括供需、产业、区域、要素等的内部自我循环，打造全国统一大市场，并且通过借助"一带一路"建设平台，继续依靠和支持高水平对外开放，积极参与国内大循环。国内大循环，本质也是开放的，且是更高水平更多领域开放，以开放促发展，与国际循环相互促进、相互配合。

协作框架

构建"双循环"新发展格局和共建"一带一路"，同频共振，相得益彰。两者在经济、国际关系、能源及可持续发展方面具有相互促进、相互协作的关系。"双循环"和"一带一路"的协作框架如图3-9所示。

"双循环"和"一带一路"的协作关系主要体现在：一是在经济方面，"一带一路"是外循环的重点领域和关键环节，在空间维度上是国内国际经济高质量发展的抓手和平台，反过来，"双循环"新发展格局又为推进建设"一带一路"更高层次的开放型经济环境提供必要的动力；二是在国际关系方面，国家以"一带一路"建设为抓手，打通外循环发展路径，为畅通国内国际两个市场、高效利用两种资源提供动力源；三是在能源领域，借助"一带一路"与沿线国家在能源合作领域的不断深化，充分释放我国巨大的内需潜力；四是在可持续发展方面，依托"一带一路"平台前期在外部建立的绿色合作伙伴关系和科研项目，"双循环"可以更好地实现全球的绿色升级，而"一带一路"的合作开发技术还能反哺国内大循环，实现国内在高新技术上的产业升级。

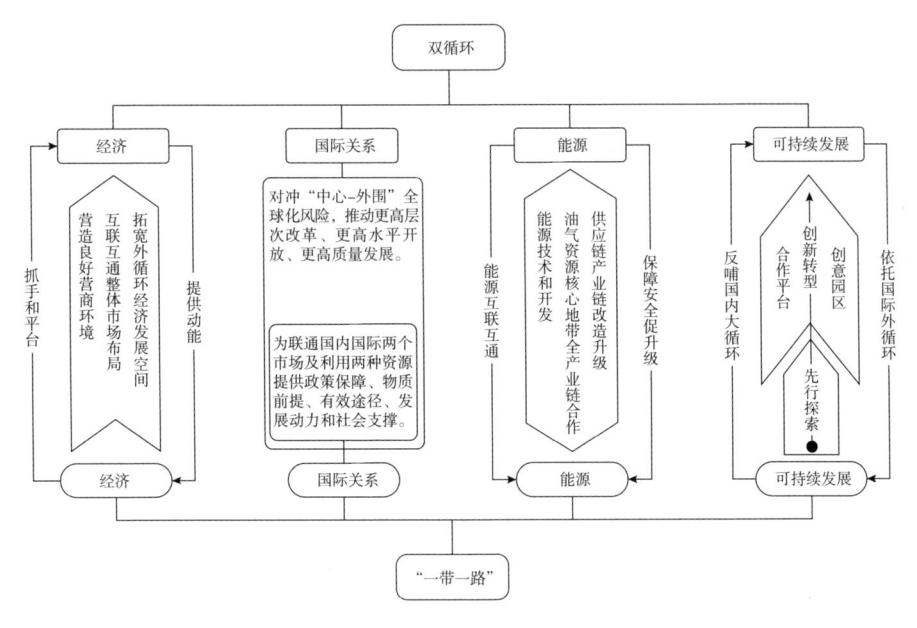

图3-9 "双循环"与"一带一路"的协作框架

机理分析

虽然"一带一路"和"双循环"同为国家的重大战略措施，但双方在当下的作用范围有些差异。"一带一路"在"双循环"中主要服务于外部循环，在国际方面上充分发挥它的平台优势，畅通资源的流动、技术的进步和国家各项措施的推行，助力国内国际双循环。在通过二者的协作后，它们互相推动，作用的机理如图3-10所示：

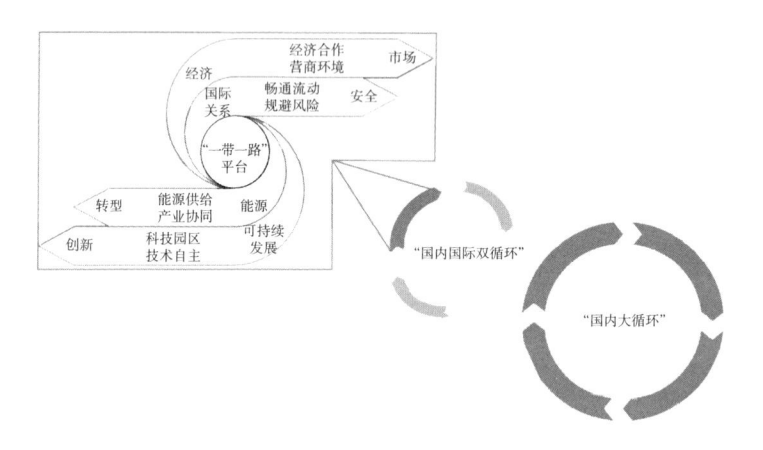

图3-10 "双循环"与"一带一路"的机理关系

"双循环"和"一带一路"的机理作用主要体现在：一是在经济上，二者协作后的"双循环"建设可以充分利用"一带一路"打造的良好市场环境，如友好国家及企业的合作项目、投资基金、人民币支付体系等覆盖沿线国家的投融资市场网络，拓宽经济合作空间；二是在国际关系上，纵观"一带一路"建设全局，我国对海外项目及其所在国的资金、资本、资源等系统性投入大幅增加，但与其配套的国家保障机制和利益保护机制尚未健全，"双循环"以国家安全的外部环境为核心，更高层次、高质量地开放畅通物质文化交流，进一步营造良好的外部环境，有效地管控境外投资风险，提高资金使用效率，减少资产损失；三是在能源和可持续发展方面，"一带一路"可以积极发挥亚洲及周边地区发展中国家的资源比较优势，以外部的循环保障国内能源的供给。"双循环"依托"一带一路"前期在能源对外合作产业链上的深入与合作项目体系，着重绿色技术的实施建设，并推动国内能源的转型，在创新方面实现技术研发自主。

第三章
"双循环"发展格局下的"一带一路"能源合作

三层次协作机制研究

国家层面

习近平总书记在第三次"一带一路"建设座谈会上指出：共建"一带一路"重点在国外，根基在国内，"一带一路"倡议服务构建新发展格局，是促进国内国际双循环的重点。中共中央对外联络部原副部长于洪君指出：伴随《区域全面经济伙伴关系协定》《中欧投资协定》等相继签署，在"双循环"新发展格局下，"一带一路"国际合作显示出强劲的生机和活力。国家统计局原副局长贺铿认为："双循环"新发展格局将为"一带一路"沿线合作开辟新的空间，为国际贸易和投资搭建新的平台。

综上所述，统筹构建新发展格局和"一带一路"，必须在宏观层面上找准两者的协作方向，并且有针对地发力，使得两者呈现相互促进、共同发展的局面。基于对领导人讲话、会议报告、政策文件等的解读，在国家层面"双循环"和"一带一路"具体可继续深入的协作方向与要求如图3-11所示。

图3-11 国家层面协作方向与要求

"双循环"新发展格局,是新时代深入推进"一带一路"倡议的重要突破点,也是下一步高质量建设"一带一路"的动力之源和可靠保障,二者在国家层面进行协作的具体方向主要有:一是提高母国产品国际竞争性,加强海外利益安全保护;二是坚持创新驱动,打破科技交流壁垒,加强知识产权保护;三是加强区域合作,畅通国际循环;四是提升我国全球价值链地位,维护全球供应链稳定;五是推动国家绿色低碳经济发展,完善全球环境治理体系。

能源行业层面

作为经济社会发展的基本要素,能源贯穿全价值链供应链产业链,因此开展"一带一路"协作研究无疑是"双循环"发展格局下能源行业的应有之义,也是实现高质量发展的必然要求。基于对"双循环"和"一带一路"的异同及宏观方向研究分析,可以看出将"一带一路"作为构建国内国际双循环相互促进新发展格局的发展平台,能够改善我国目前消费增长动力不足、人才流动受阻、"去中国化"的全球化挑战以及供应链产业链中断风险等问题,对于能源行业的高质量发展也将是一个促动和机遇。同时面对错综复杂的国际环境,特别是在新冠疫情产生深远影响、中美战略博弈加剧以及国际经济秩序进入动荡变革期的多重背景下,要做到高水平建设"一带一路"与"双循环"协作发展格局,需要遵循的方向与要求如图3-12所示。

要高质量推进"双循环"新发展格局和"一带一路"建设,提高我国能源产业在世界上的竞争力,与能源行业协作方向一致的要求如下:一是优化能源领域对外投资结构,完善能源安全风险评估机制,健全境外能源资产风险预测体系;二是深化能源领域合作实现优势互补,提升国际能源市场规则标准等"软联通"水平;三是积极构建能源合作互联网,稳定供应链产业链价值链合作，降低外部不确定市场的依存度；四是加强我国能源领域技术创新，围绕外部能源建设需求，开展技术投资建设；五是助力沿线国家能源转型，加快融入全球清洁能源经营体系。

能源安全要求：
优化能源领域对外投资结构
完善能源安全风险评估机制
健全境外能源资产风险预测体系

能源领域创新要求：
加强清洁能源领域的数字化、智能化研发力度和应用深度
搭建智慧能源体系的创新平台

能源领域合作要求：
能源合作实现优势互补
参与能源国际标准体系建设

能源绿色转型要求：
创新能源开发合作模式
助力沿线国家能源转型
加快融入全球清洁能源经营体系

发展能源贸易要求：
积极构建能源合作互联网
稳定价值链供应链产业链合作
降低外部不确定市场的依存度

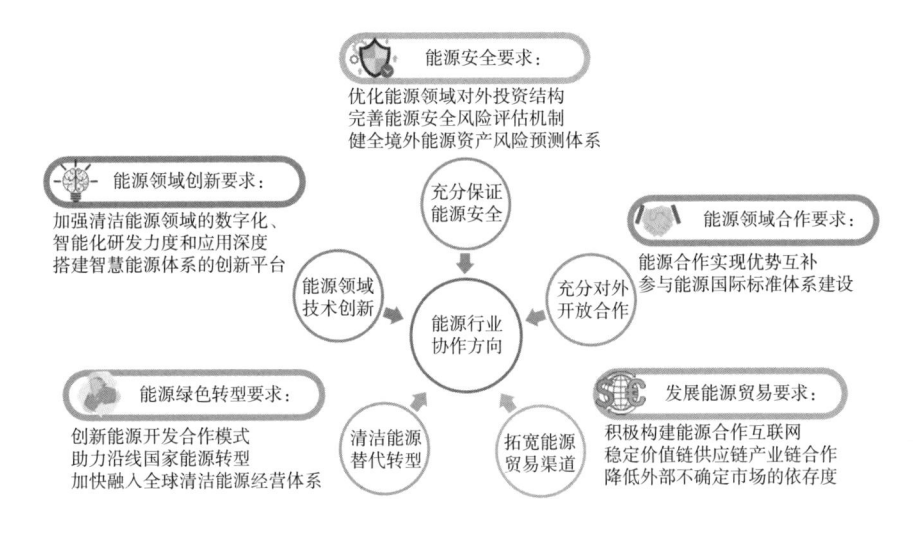

能源行业协作方向：充分保证能源安全、充分对外开放合作、拓宽能源贸易渠道、清洁能源替代转型、能源领域技术创新

图3-12 能源行业协作方向与要求

能源企业层面

从能源企业的角度出发，应统筹考虑和谋划构建新发展格局和共建"一带一路"下的国际化战略调整，聚焦新发力点，塑造新结合点。然而，"双循环"和"一带一路"的协作关系研究在很大程度上是主观概念作用的过程，过于依靠直觉，极易受研究人员的主观影响，需要引入客观的分析方法提高研究过程的科学性及规范化。同时面临当前全球的新形势，两者的协作需要充分考虑内外部环境所产生的机遇与威胁以及自身具备的优劣势。因此，本节将利用战略分析工具展开企业层面研究。

为更好地切合"双循环"与"一带一路"的特性以及协作的客观性、可

操作性，本研究设计了一种由PEST分析、战略地位与行动评价矩阵（Strategic Position and Action Evaluation Matrix，SPACE矩阵）、平衡计分卡以及战略地图组成的协作战略管理系统，战略管理系统的具体架构如图3-13所示。

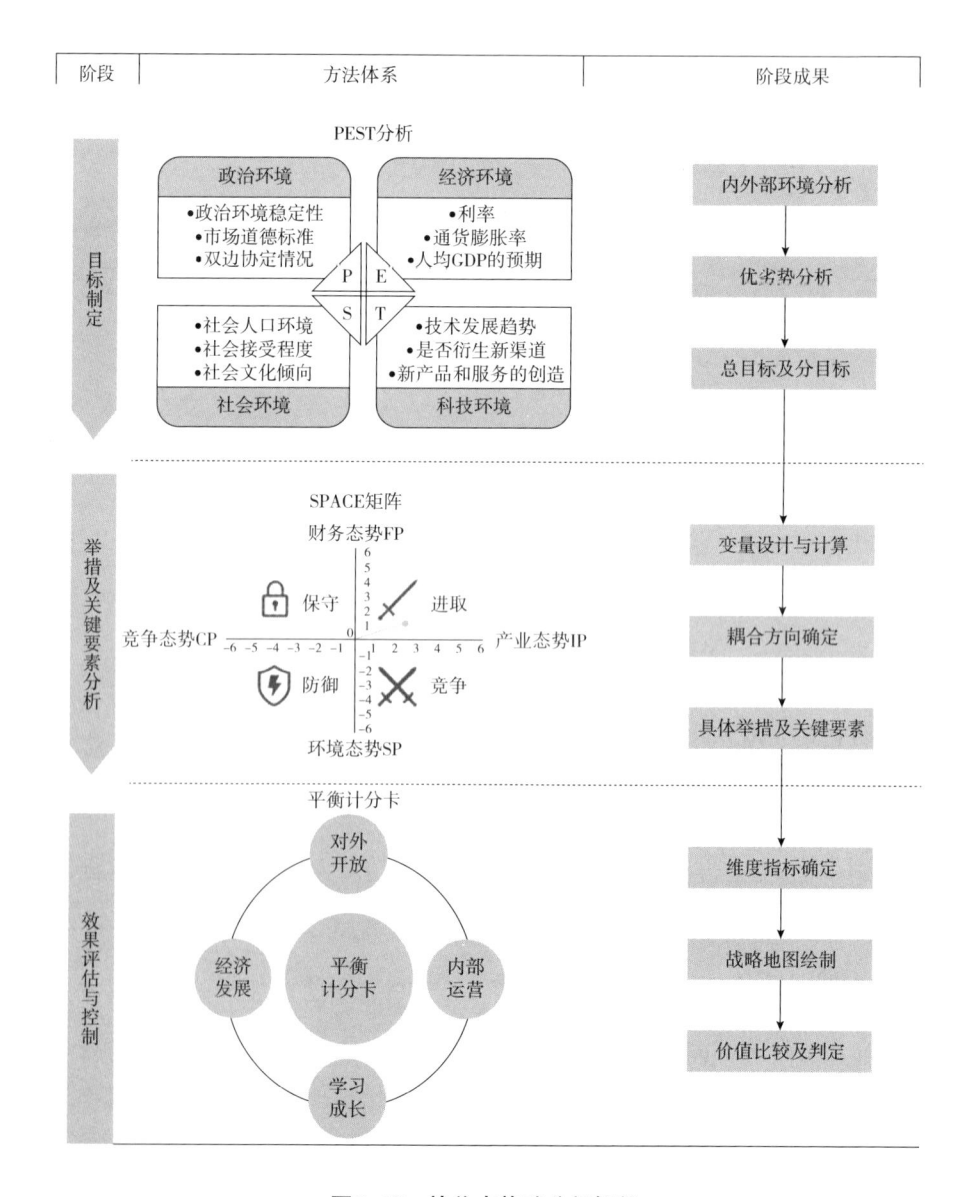

图3-13 协作点战略分析框架

第三章
"双循环"发展格局下的"一带一路"能源合作

首先基于PEST分析企业在"双循环"与"一带一路"协作影响下所处的政治、经济、社会和技术环境，凝练出两者的优劣势，最终提出协作的目标；其次，针对企业的两个内部因素——财务态势（financial position，FP）和竞争态势（competitive position，CP）；两个外部因素——环境稳定性态势（stability position，SP）和产业态势（industry position，IP）展开研究，确定协作的整体战略模式方向并提出具体协作关键点；最后，基于平衡计分卡将协作战略分为经济发展、对外开放、内部运营、学习与成长四个层次并细化举措KPI，绘制战略地图进行过程控制与评估。基于上述战略分析方法体系，绘制协作战略地图如图3-14所示。

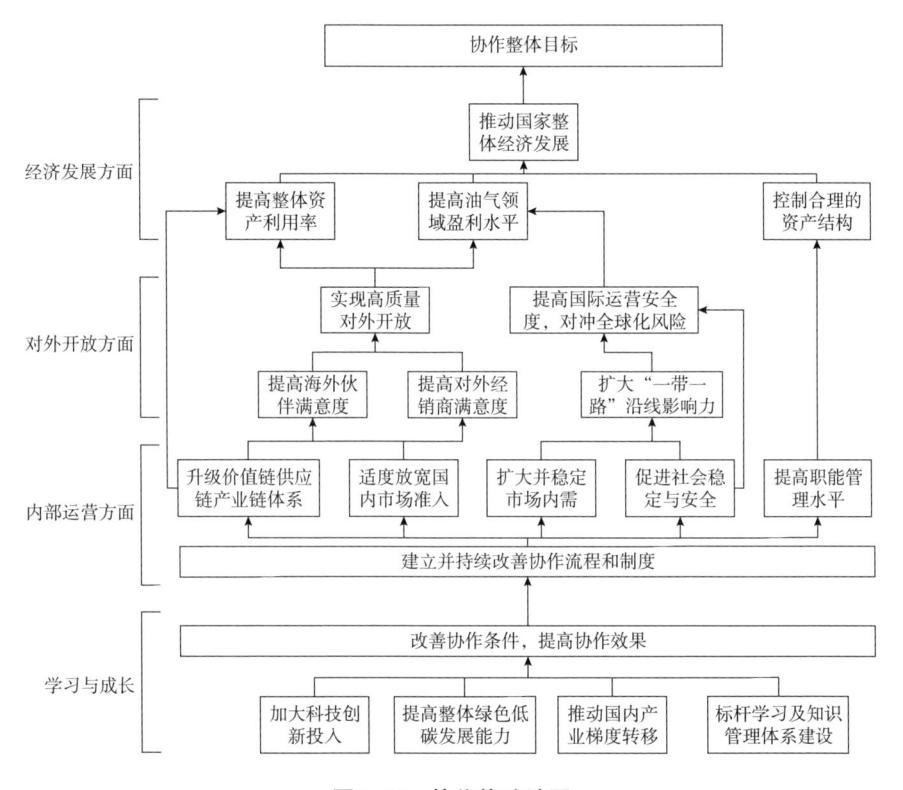

图3-14 协作战略地图

"双循环"与"一带一路"的协作主要从学习与成长、内部运营、对外开放、经济发展四个层次展开研究，四个层次具有递进关系，最终服务于协作发展的总目标。各个层面所关注的重点如下：一是为加强协作能力、动态调整发展方向提供动力，通过科创、绿色低碳、梯度转移以及知识管理体系四个方面能力的提升改善协作条件，最终提高协调度与协作能力；二是以流程和制度为基础，围绕供应链产业链价值链体系、国内市场准入、市场内需等五个方面进行建设，这五个方面不仅仅会作用于对外开放，同时还会直接影响到国家整体经济发展；三是对外开放建设国际化运营，首先以海外伙伴满意度、对外经销商满意度和"一带一路"沿线影响力三个具体KPI为基层，最终服务整体的高质量对外开放以及国际运营安全；四是以经济发展作为整体战略的最高层次，以资产结构、资产利用率以及油气领域的盈利水平作为三项指标，最终指向国家整体经济发展的总体目标。

"双循环"与"一带一路"整体框架

　　基于上述分析，能源企业要立足"双循环"格局、利用"一带一路"倡议和平台，打响中国制造的能源新"名片"，满足"双循环"与"一带一路"协作关系的新要求，需要探索创新企业的发展路径，培育企业的抗风险能力、经济竞争力、科技创新力，趋向一体化、智慧化、品牌化、国际化发展，打造具有全球竞争力的能源企业，承担保障国家能源安全的责任使命。要实现上述目标，能源企业需要从资源配置、能源安全、技术创新、绿色转型、国际合作五个方面进行探索（见图3-15）。

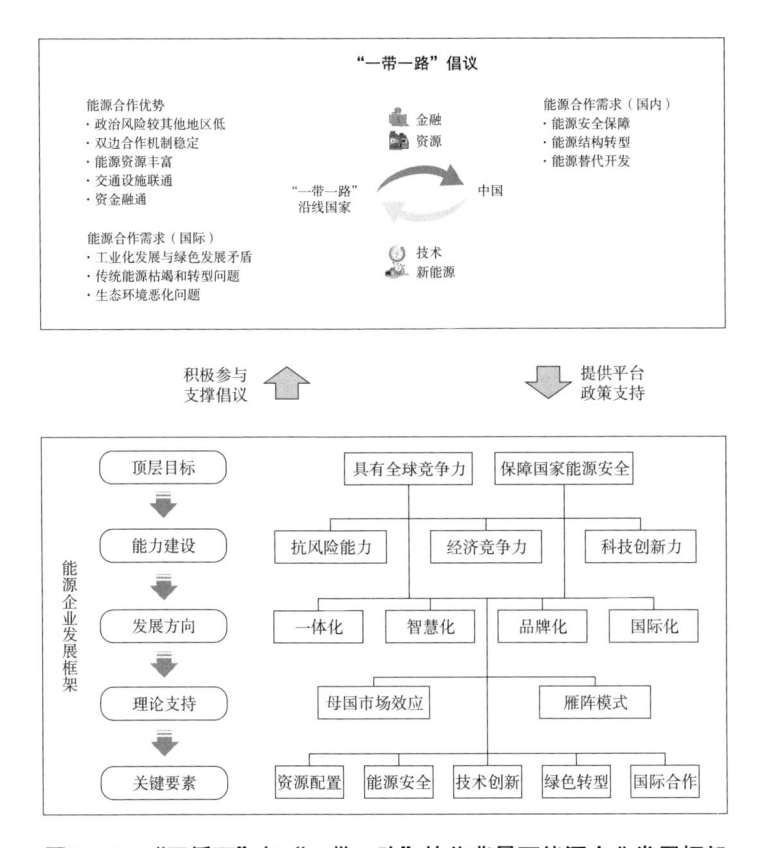

第三章
"双循环"发展格局下的"一带一路"能源合作

图3-15 "双循环"与"一带一路"协作背景下能源企业发展框架

其中,五项关键要素具体内容如图3-16所示。

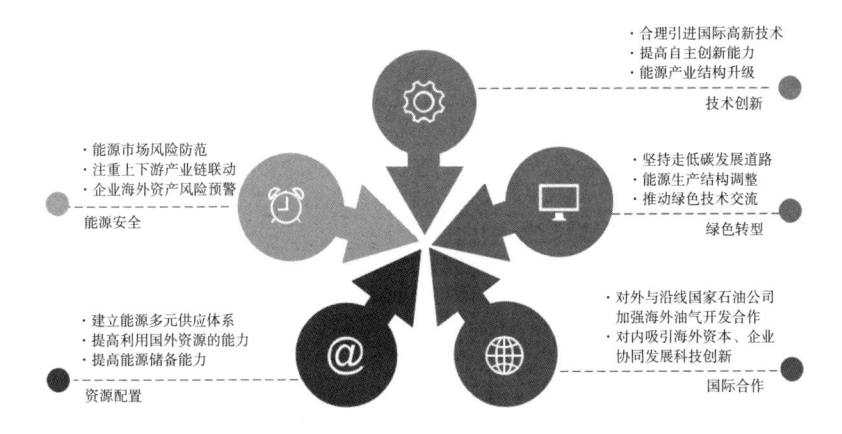

图3-16 协作背景下企业发展关键要素

99

资源配置。能源企业应坚持注重油气资源国内勘探开发与国外引进、传统能源与新能源并行发展，建立能源多渠道、多元供应体系，适当增储上产，提高国家能源安全保障程度。坚持全球化布局，提高国际竞争能力，提高利用国外资源的能力。同时也需要提高能源储备能力，完善石油、天然气及新能源基础设施，进行天然气接收站、储气库的建设，提升应急处置能力。

能源安全。能源企业应注重市场风险防范，建立应对极端经济事件冲击的防范体系。由重资源、重上游向全产业链发展，注重上下游产业链联动，提高对市场变化的反应能力。通过开展调查研究，提前对合作国家政治、经济、法律、商业环境等各种风险进行调查，完善企业海外资产风险预警评估机制。

技术创新。能源企业应加大科技创新和成果转化的投入力度，合理引进国际高新技术、提高自主创新能力，推动能源技术革命，提高油气资源的利用率、非常规油气资源的开发率，带动能源产业结构升级。同时，建设核心装备制造基地，制造国内的中高端油气装备，做强产业链中最薄弱的一环。

绿色转型。能源企业应坚持走低碳发展道路，注重公司能源生产结构向适应高质量发展调整。在发展国内传统能源和可再生能源的同时，推动共建"一带一路"国家清洁能源开发利用，加强可再生能源国际合作。同时，推动技术交流与转让，与国内国外同行业企业共建"一带一路"绿色发展、低碳技术交流中心，推动绿色低碳技术的落地转化。

国际合作。能源企业应进一步深入国际能源合作，坚持"走出去"与"引进来"相结合，对外与"一带一路"沿线国家石油公司加强海外油气开发合作，带动相关国家能源发展的同时自身获得利益，对内吸引海外资本或外国企业协作发展科技创新，以科技链稳定国内供应链产业链，增强开放条件下能源安全保障能力，全方位拓展国际能源合作。

由图3-15可知，能源企业积极参与"一带一路"倡议、"一带一路"能源合作倡议以及"一带一路"绿色伙伴关系，能够加强与资源富集国家的油气贸易合作，满足国内能源需求，保障国家能源安全，还能通过参与国际能源行业建设如能源基础建设、绿色能源开发等方式联通市场格局，实现能源在区域间协调发展，形成我国带动沿线国家能源行业发展的"雁阵模式"。同时，利用能源金融合作平台可以吸引国际投资，从而加大科研投入，提升能源利用效率和清洁能源的开发能力，促进企业出口相应的新能源、设备和建设服务，在"双循环"格局下促使母国市场效应的实现。

"双循环"与"一带一路"在国家及能源行业层面协作机制详解

国家层面

"双循环"新发展格局，是新时代深入推进"一带一路"倡议的重要突破点，也是下一步高质量建设"一带一路"的动力之源和可靠保障，二者在国家层面进行协作的具体要求如下。

提高母国产品国际竞争性，加强海外利益安全保护

宗教极端主义在世界范围内不断蔓延，部分国家恐怖活动猖獗，社会安全风险居高不下，当前形势下要想畅通国际循环，必须增强母国产业"韧性"和"抗冲击"能力，加强海外利益安全保护。"一带一路"倡议强调以发展为导向，但发展是漫长的过程，要在发展中规范、在规范中发展，就不能忽视安全问题。母国市场效应认为拥有相对较大国内市场需求的国家将成为净出口国，利用好该理论提高产业的国际参与度，维系产品的国际竞争力，有效改善我国进口结构与产业结构，兼顾安全与发展，才能保障"双循环"新发展格局与"一带一路"健康平稳协作。

坚持创新驱动，打破科技交流壁垒，加强知识产权保护

科技创新始终是发展的重要力量。随着新科技和新兴产业竞争日趋白热化，技术之争、数据之争、标准之争、知识产权之争将成为影响国际经贸乃至地缘政治的重要因素。应对中国经济新常态，构建"双循环"新发展格局需要国内改革的深化，深化国内改革需要高水平创新。雁阵模式认为发展水平高的国家会将低端产业转移至发展水平低的国家，使得不同发展水平的国家所拥有的产业档次不同。在该理论作用下继续深化高水平创新研究，通过技术突破等手段重组产业链、优化供应链，促进产业和企业发展，有助于"双循环"新发展格局与"一带一路"高质量协作。

加强区域合作，畅通国际循环

要构建紧密的国际经贸合作网络，需利用"一带一路"重塑和深化国际合作。与沿线国家建立多个合作平台，吸引更多国家加入国际循环。中国是区域合作的受益者，更是区域合作的积极倡导者和推进者。中国同"一带一路"沿线国家之间构建的高标准自由贸易区具有高度的开放性，有利于推进"一带一路"沿线国家和地区形成利益共同体、责任共同体和命运共同体，深入加强区域合作，积极融入全球自由贸易区网络。雁阵模式通过自然地理区位、经济地理区位和交通地理区位在空间地域上的有机结合，突出产业核心竞争优势，以国际化发展为核心，有效促进国际循环。

第三章
"双循环"发展格局下的"一带一路"能源合作

提升我国全球价值链地位，维护全球供应链稳定

"一带一路"强调深化国际产能合作，互利共赢；"双循环"强调在巩固我国"世界工厂"地位的基础上实现向"世界市场"升级，提升我国在全球价值链、供应链、产业链地位。两者虽侧重点不同，但实施策略存在交集，可以通过二者的有机结合推动我国价值链、供应链、产业链的现代化发展。雁阵模式的特点之一是产业链和生产技术之间发生动态位移，运用创新型技术、市场区位模式、大而全的生产体系等条件，支撑我国价值链升级转型。而母国市场效应模式也强调同质性产品在质量、性能、设计上应存在差异。两种模式有机结合，更好地实现"双循环"与"一带一路"的协作发展。

推动国家绿色低碳经济发展，促进全球环境治理体系完善

推进能源的绿色可持续发展已成为"一带一路"能源合作的重要内容。中国发展可再生能源的规划、管理、设计、运营，以及分布式、多元利用等模式，都已为"一带一路"沿线一些国家所借鉴和仿效。母国市场效应认为产品应存在异质性，而在能源、工业等领域则可以通过低碳技术、绿色经济等手段体现。围绕"一带一路"倡议，中国与沿线国家在能源合作领域不断深入，一批有影响力的绿色能源标志性项目顺利投运、惠及项目所在国，为畅通国内国际双循环提供有力支撑，加强绿色发展目标在实现"双循环"新发展格局与"一带一路"协作中的地位。

能源行业层面

要高质量推进"双循环"新发展格局和"一带一路"建设，提高我国能源产业在世界上的竞争力，与能源行业协作方向一致的要求如下。

优化能源领域对外投资结构，完善能源安全风险评估机制，健全境外能源资产风险预测体系

强化对环境气候风险分析和管理能力，减少对沿线国家煤电项目支持，争取更多资金、更优惠融资条件发展可再生能源项目。通过政府牵头、金融机构跟进、民间资本参与，建立层次多样、形式丰富的能源投资合作体系。促进与能源产业链不同环节上国内国际的企业间合作，例如与发电企业、能源设备制造企业、设计和工程施工企业建立合作联盟，创立风险共担机制，实现金融高质量支撑和服务能源合作。我国在"一带一路"区域开展能源合作的国家一直以来民族、宗教等问题突出，影响到我国能源项目的日常生产经营和可持续发展。为有效应对相关地区地缘政治、非传统安全威胁，切实维护能源安全，提升竞争能力，需要完善能源安全风险评估机制，健全境外能源资产风险预测体系。

深化能源领域合作实现优势互补，提升国际能源市场规则标准等"软联通"水平

近年来，我国能源领域在"一带一路"沿线的开放程度不断扩大，能源政策沟通不断深化，能源基础设施互联互通不断加强，能源贸易畅通水平大幅提升。各国能源资源禀赋和产能、技术、装备发展等方面具有互补性，我国加强与别国的能源合作，使各国能够优势互补，实现互利共赢，我国能源行业对外开放也带动了全球经济和能源发展。有必要根据自身发展需要，不断拓宽能源层面对外开放的渠道。要促进能源产业在新发展格局的背景下更好发展，需要积极参与国际能源合作法律规则制定，打造能源交易市场、贸易投资、金融监管、项目市场化合作机制及能源合作争端解决机制，为保障能源安全提供保

第三章
"双循环"发展格局下的"一带一路"能源合作

障。通过借鉴其他国际区域合作组织能源合作法律制定经验，将中国与沿线国家现有的成熟的双边能源合作法律上升为多边或区域性能源合作法律，为"一带一路"能源合作甚至全球范围内能源合作法律提供规范。

积极构建能源合作互联网，稳定价值链供应链产业链合作，降低外部不确定市场的依存度

为确保能源供应安全，中国积极参与到"一带一路"倡议下的能源合作中，拓宽能源供应渠道，大力开展能源贸易。"一带一路"倡议国家能源资源丰富，是中国能源贸易的重要对象，与"一带一路"国家建立能源自由贸易区网络是中国防止能源供应过度集中、规避能源供应风险的战略性举措。积极构建能源合作互联网，探索在合作伙伴关系下构建能源利益共同体、能源责任共同体、能源发展共同体及能源合作命运共同体。积极拓展沿线地区的能源开发、海外油气合作，利用沿线地区传统能源资源富集的优势，通过加强能源合作、扩大对"一带一路"沿线国家的进口量、加强对沿线国家的投资等措施，形成稳定的价值链供应链产业链合作关系，降低对欧美市场的依存度，保障我国能源安全。

加强我国能源领域技术创新，围绕外部能源建设需求，开展技术投资建设

为有效应对用能需求持续增加，我国必须通过低碳技术创新来实现能源供给、能源绿色的双重目标。能源领域的这场革命已经开始，技术创新有望大幅度降低清洁能源的成本，促进"一带一路"国家的经济社会发展。围绕"一带一路"国家能源建设需求，有针对性地开展技术研究和投资建设，以数字化为突破口，强化技术的互融互通。数字化是中国企业在境外建设清洁能源项目的核心能力，所以要进一步加强清洁能源领域的数字化、智能化研发力度和应用深度，搭建智慧能源体系的创新平台，实现多能源类型、多应用场景、多用能模式下低碳技术的互融互通。

助力沿线国家能源转型，加快融入全球清洁能源经营体系

积极推动"一带一路"沿线的绿色清洁合作，在基础设施、能源等项目投资领域，推广实施绿色基建、绿色能源项目，为沿线国家共同实现绿色低碳转型提供助力。尤其是针对可再生能源基础设备建设，应形成以境外工程总包、建厂、并购、研发等为主的可再生能源开发合作模式，以中巴经济走廊、中国—中亚—西亚经济走廊等为重点奠定可再生能源合作基础。在"一带一路"倡议下，能源企业肩负着重大的先锋使命，需要多方面、全方位来思考自身发展之路。只有坚持"国内国际双循环"的发展战略，对当前能源经济转型、低碳发展引领有清醒认识，融入全球化商业经营体系，打造全球化合作生态，才能更好地在行业转型升级中实现新的突破，实现"双循环"新发展格局与"一带一路"协作下的绿色可持续发展。

"双循环"与"一带一路"协同下我国能源企业国际化战略调整建议

立足新发展阶段，贯彻新发展理念，服务融入新发展格局，综合考虑创新、贸易、绿色、市场和安全等因素，分别从整体业务和区域发展层面，提出深化国际能源合作，推进"一带一路"高质量发展的意见建议。通过高质量共建"一带一路"打通各国间商品和要素市场，畅通与沿线国家的经济内外循环，助力加快构建国内国际双循环相互促进的新发展格局。

第三章
"双循环"发展格局下的"一带一路"能源合作

整体业务层面调整方向与建议

统筹化石能源与新能源、新材料协同发展，持续优化业务布局

在继续加大陆上风险勘探和油田开发的基础上，更加注重海上油气勘探开发，因地制宜地开展天然气业务。按照经济有效原则，积极布局海外绿色低碳业务，加强与国内风、光、电网企业国际合作，在有条件的地区适度布局和发展太阳能、风能、地热能、生物质能等业务，推动构建多能互补供给体系。控炼增化，加大技术引进合作，加快炼化销售和新材料业务转型升级，全力推进炼化业务高质量发展。

加强海外资源供应基地建设，维护供应链产业链安全

发挥政策沟通的引领作用，充分利用政府间多双边合作机制和企业间合作伙伴机制，结合市场需求、资源禀赋和各自优势，深化与"一带一路"合作基础好、合作意愿强的沿线重点国家的能源全产业链合作，加强跨境油气通道周边地区的能源开发，巩固能源设施互联互通合作，畅通与更多国家的能源贸易，以发展融合、利益共享带动全方位、多层次、高水平国际能源合作，助力维护全球能源供应链产业链韧性和稳定。

持续完善全球贸易体系，提升全球资源配置能力

充分利用两种资源两个市场，深化全球一体化运作，着力构建多元可靠的全球油气资源池和引进通道，增强保供的灵活性稳定性可靠性。服务我国能源企业油气全产业链协调发展，突出贸易协同，统筹海外份额油销售、油气进口、成品油出口等配套营销网络建设，提升全产业链价值创造能力。深度参与全球油气贸易与市场体系建设，增强贸易议价能力，降低贸易成本，提升国际市场影响力和话语权。

强化支持服务能力建设，持续提升高端市场竞争力

突出创新驱动，加强核心技术攻关和关键装备的研发、制造，推进工程服务数智化转型发展，加快抢占价值链高端市场，提升市场竞争力和盈利能力。积极推动国际合资合作，着力拓展发展空间和业务领域，形成相对集中和稳定的规模优势市场，提高市场集中度和占有率。金融支持业务突出服务主业和价值创造，着力防范化解金融风险，提升海外项目资本运营和金融服务能力。

区域发展角度合作策略建议

从区域协同发展角度，对我国能源企业"一带一路"合作核心区的中亚俄罗斯、中东和亚太合作区的主要合作策略进行分析，提出针对性方案，如表3-1所示。

表3-1 "一带一路"沿线国家针对性方案

	中亚俄罗斯地区	中东地区	亚太地区
创新	①加强与本土油气企业的技术交流； ②研发地质信息检测系统； ③加强智能控制系统和终端设备研发	①创新清洁能源关键技术； ②定期与中东能源企业开展能源技术交流活动	①建立技术转移服务和创新合作平台； ②深化中国—亚太双边技术转移工作机制
贸易	①与当地大学、高科技企业等组织开展跨界合作； ②建立网络信息系统； ③推进跨境油气管道投入	①加快产业园区建设； ②维持传统能源贸易强度； ③加强装备和新材料贸易； ④进口能源中间产品和服务	①加强绿色能源合作； ②加大园区基础设施建设资金支持力度； ③加强能源的多元化外交
绿色	①提高二氧化碳驱油技术、碳捕集技术水平； ②落实能源供应多样性	①深化新能源产业合作； ②加强对可再生能源与电网整合的投资； ③推进清洁能源项目建设	①加强电网基础设施的建设； ②推进清洁能源合作协定； ③帮助建立节能机制

第三章 "双循环"发展格局下的"一带一路"能源合作

续表

	中亚俄罗斯地区	中东地区	亚太地区
市场	①推动传统能源与新能源之间协同联动； ②以"资源+通道+市场"模式，构建"共同主导、相互嵌入"的产业链	①加大资源勘探开发合作力度； ②积极参与中国—中东经济走廊的基础设施建设	①为区域内能源贸易和投资建立制度框架； ②构建区域油气交易中心； ③建成区域油气和新能源投资运营中心
安全	①与本地通信公司开展合作； ②建立资产安全防护系统； ③完善对外能源合作制度和能源争端解决机制	①加强政策沟通； ②建立健全海外营商环境风险评估机制； ③建立能源合作规划研究小组	①与马来西亚石油公司等建立基础设施伙伴关系； ②建设网络安全系统

中亚俄罗斯合作区能源资源丰富，各国积极推行经济多元化战略，加快推进绿色转型，可根据资源国宏观政策变化及时调整发展战略，推动区域全产业链合作进一步转型升级，重点深化和扩大土库曼斯坦天然气合作，并根据乌克兰危机演变适时推进俄罗斯远东地区的油气合作。

中东合作区是全球最重要的油气资源供给地，近年来与中国在能源资源开发、绿色低碳、可持续发展等领域开展了务实深入合作，可进一步优化区域内资产结构布局，重点推动与阿联酋、卡塔尔、沙特阿拉伯等国家的新项目开发，关注伊朗天然气合作，围绕科技创新、清洁能源利用开展多元化合作，并重点防控地区社会安全和恐怖主义风险。

亚太合作区油气资源较匮乏，但能源需求市场广阔，也是中国能源进口通道和跨境油气管道的必经之地，可加强能源贸易合作，探索可再生能源和低碳技术合作，积极推动构建亚太能源安全体系，保障国家能源供应安全。

（本章执笔人：陆如泉　徐小峰　姚睿　董秀成　董聪　等）

109

第四章

共建"一带一路"的新领域
——"冰上丝绸之路"

第四章
共建"一带一路"的新领域——"冰上丝绸之路"

"冰上丝绸之路"是中俄两国政府共同提出的倡议,得到两国元首的数次确认,被写入两国的国内发展战略和对外政策文件。"冰上丝绸之路"是"一带一路"在北极地区的延伸,对推动"一带一路"的实施和发展具有重要意义。"冰上丝绸之路"的重点是通过完善北极航道(主要是俄罗斯和北欧这一侧的东北航道)的运输通道和沿岸基础设施建设,开辟新的航运通道,促进国际合作,开发沿线资源,并带动沿线地区的经济和社会发展。

通道建设和资源开发是"冰上丝绸之路"的核心内容。这两项核心内容都与能源资源密切相关。油气运输船只的设计和制造、生产平台的建设和组装、管道和港口设施的修筑和改造既和通道建设密切相关,也是能源项目的重要组成部分。因此,北极地区的油气资源开发与"冰上丝绸之路"具有战略上的一致性,两者互相促进。"冰上丝绸之路"为油气资源开发提供有力的宏观政策环境;油气资源开发促进了"冰上丝绸之路"具体项目的落实,丰富了合作内容,推动"冰上丝绸之路"的深入发展。

"冰上丝绸之路"沿线地区油气资源开发潜力巨大,各国政府已出台不同的准入、税收和资金政策为资源开发创造条件,有些项目也已进入投产阶段。除北极资源国外,全球主要能源需求国(如日本、韩国、印度、法国、沙特阿拉伯等)也通过加强与北极资源国交往、提供政策性资金和其他优惠政策,鼓励本国企业参与北极油气项目开发。

北极油气资源的勘探和开发已有90多年的历史，总体开发现状呈现开发规模有限、俄罗斯处于前端、独立开发和国际合作模式并存、LNG一体化趋势、与亚太市场关系紧密和低温成本优势等六大特点。中国企业参与这一地区的油气资源开发存在全球市场需求改善、中俄关系强化、中俄政策支持、国际油企积极性高和海外经验相对丰富等五大机遇。同时，存在技术风险相对较高、资源国政策不稳定、欧美对俄制裁加剧、俄罗斯国内竞争激烈、俄罗斯国内商务环境较差等五大风险。

北极区域的开发与治理现状

北极地区是指66°34′N以北的广大陆地和海域，包括极区北冰洋（占总面积的60%）、边缘陆地海岸带及岛屿、北极苔原和最外侧的泰加林带等永久冻土区，总面积约2100万平方千米，约占地球总面积的1/25，其中陆地面积约800万平方千米，水深小于500米的大陆架面积超过700万平方千米。

北极治理现有机制既包括《联合国海洋法公约》和《联合国气候变化框架公约》等全球治理框架，也包括北极理事会和巴伦支海欧洲-北极圈理事会的区域协议，以及国际海事组织主持制定的《北极冰覆盖水域船舶航行指南》等航运守则。

北极理事会（Arctic Council），也称北极议会、北极委员会、北极协会，是由8个北极国家组成的政府间论坛，1996年9月在加拿大渥太华成立，宗旨是保护北极地区的环境，促进该地区在经济、社会和福利方面的持续发展。理事会主席由八个成员国（美国、加拿大、俄罗斯、挪威、瑞典、丹麦、芬兰、冰

第四章
共建"一带一路"的新领域——"冰上丝绸之路"

岛)每两年轮流担任。法国、德国、荷兰、波兰、西班牙和英国为永久观察员。2013年5月15日,中国与意大利、日本、韩国、印度、新加坡成为正式观察员。正式观察员可参加理事会会议,但无表决权。2022年3月3日,北极理事会的西方七国表示,将暂时停止参加北极理事会及其附属机构的所有会议。

北极治理现有机制明显存在一些不足。首先,《联合国海洋法公约》所体现的国际海洋法的一般性规定并不足以解决北极地区的科学考察、资源开发、航道开辟、渔业捕捞、环境保护与军事化利用等特殊问题,该公约有关200海里外大陆架的规定更是有可能成为北极争夺加剧的突破口。其次,多边环境与气候框架公约对北极特殊的环境与气候问题缺乏针对性。北极生态环境极其脆弱、敏感,一旦遭受损害,就极难恢复。因此,北极地区的气候与环境需要更为严格的预防与保护措施。然后,美国并未参加《联合国海洋法公约》《关于持久性有机污染物的斯德哥尔摩公约》《京都议定书》等国际公约,这使得相关公约的普遍性、权威性受损。国际海事组织、北极理事会所制定的没有法律约束力的"软法性"文件的执行弹性较大,难以保证达到预期效果。最后,北极理事会等现有区域治理机制主要处理科研、环保及可持续发展问题,缺乏处理政治、军事问题的机制。现有相关区域机制也无法解决跨区域的环境、气候问题以及航运、能源等这些具有全球因素的问题。

概而言之,北极地区目前还缺乏一种具有支配性的政治和法律机制,缺乏能促进区域总体发展的机制,更缺乏一种能够协调各国就北极资源或远洋通道达成共识的机制。在建设"冰上丝绸之路"过程中,将会遇到种种问题,考验着中国人民和沿路各国人民的智慧。

中俄两国的北极政策

中国的北极政策

2018年1月26日，中国政府发表了《中国的北极政策》白皮书（以下简称白皮书）。通过白皮书的发表，中国政府向世界表明了积极参与北极治理、共同应对全球性挑战的立场、政策和责任。

首先，关于自身的近北极国家身份定位，确定本国属于非北极国家的范畴，除了根据相关国际法拥有的合法权益外，并不单独拥有在北极的土地和主权。这是一个基本定位。其次，近北极国家身份表达了地缘上的接近性。

中国政府的白皮书称，中国是北极事务的重要利益攸关方。利益攸关是同一国与北极的地缘相邻性以及利益相关性紧密联系。北极的自然状况及其变化与中国的气候系统和生态环境有着直接的关联，进而影响到中国在农业、林业、渔业、海洋等领域的经济利益。同时，中国与北极的跨区域和全球性问题息息相关，特别是北极的气候变化、环境、科研、航道利用、资源勘探等问题，关系到包括中国在内的北极域外国家的共同利益。中国在北极事务中既是利益攸关方，同时也是权益攸关方和责任攸关方。从政治上讲，中国是联合国安理会常任理事国，肩负着共同维护北极和平与安全的重要使命。从经济上讲，中国是世界贸易大国和能源消费大国，北极的航道和资源开发利用可能对中国的能源战略和经济发展产生巨大影响。从国际法的权益方面讲，中国在北冰洋公海、国际海底区域等海域和特定区域享有《联合国海洋法公约》《斯匹次卑尔根群岛条约》等国际条约和一般国际法所规定的开展相应活动的自由或权利。从为北极治理和经济开发提供公共产品的角度讲，中国的资金、技术、市场、知识和经验可以发挥重要作用。

第四章
共建"一带一路"的新领域——"冰上丝绸之路"

白皮书提出了中国参与北极事务的"尊重、合作、共赢、可持续"原则。中国将尊重视作中国参与北极事务的重要基础，将合作视作参与北极事务的有效途径，将共赢作为参与北极事务的价值追求，并将可持续作为参与北极事务的根本目标。白皮书强调了中国依循相关国际法开展北极活动；在北极事务中，与所有北极国家和重要的利益攸关方开展有益的对话，促进北极地区的稳定及国际合作；尊重北极理事会等北极治理主要机制的角色和作用。

白皮书强调了极地活动的"可持续性原则"，强调了北极活动遵循《联合国海洋法公约》以及国际海事组织的相关规则，也强调了遵循北极国家关于环境保护的国内法规。与此同时，中国政府还承诺要通过国内协调，要求所有参加北极活动的中国法人和公民遵守相关法律并保护环境。白皮书在阐述中国政府参与开发利用北极资源的政策时体现了严格依法利用、绿色使用、合作利用，并且遵循商业规则的思路。

白皮书的发布标志着中国北极政策的正式成型。它反映出当今中国在参与北极的国际治理中，努力体现"人类共同利益"和"人类共同关切"，希望北极治理秩序朝着更加合理、公平的方向调整，坚持可持续发展的理念，反对任何以破坏环境为代价的开发。白皮书体现了一个全球大国对极地和平与环境保护的责任，对国际条约的遵守，对国际义务的履行。

俄罗斯的北极政策

2001年6月14日，俄罗斯联邦政府颁布《俄罗斯联邦北极政策原则》（下文简称《2001原则》）草案，成为俄罗斯联邦第一个较为全面的北极政策文件。同年12月，俄罗斯向联合国大陆架界限委员会提交了扩大北冰洋大陆架外部界限的申请，由于没有得到国家杜马的充分支持，并未得到完全的实施。

2008年9月18日，俄罗斯联邦政府出台"北极基本法"——《2020年前及更长远未来的俄罗斯联邦北极地区国家政策原则》（下文简称《北极政策原则》），在《2001原则》的基础上，确定了俄罗斯的北极政策的主要目标、优先发展方向、未来发展的基本任务以及执行机制。《北极政策原则》中，提出将北极地区作为"能源战略基地"。

此后，俄罗斯联邦政府密集出台了一系列关于北极的政策方针，并宣布俄罗斯将重新回归北极。2013年2月8日，俄罗斯联邦政府颁布了《俄罗斯联邦北极地区发展和国家安全北极战略》（下文简称《北极战略》），为推动《北极政策原则》的实施提供保障。《北极战略》的制定明确了俄罗斯北极战略的基本机制、战略目标成功的方式、保持发展的优先和国家安全。所制定的目标是在完成俄罗斯的北极战略的同时，保障俄罗斯的国家安全与社会稳定，并且规定了俄罗斯北极的主要发展方向，俄罗斯的北极政策得到进一步强化。2014年4月21日，俄罗斯联邦政府颁布《2020年前俄罗斯联邦北极地区社会经济发展国家纲要》（下文简称《北极纲要》），为俄罗斯北极政策的实施拟定具体措施，对于北极地区开发具有更强的操作性和指导性。2014年5月，俄罗斯颁布《关于俄罗斯联邦北极地区陆地领土总统令》，重新定义了俄罗斯的北极地区并将限定范围退缩至北极圈以北，细分成为九大区，对北极地区进行了更为精确的限定，同时俄罗斯不断加紧对北极地区的勘测，并不断加强在北极地区的主权诉求。2022年7月31日，俄罗斯总统普京批准了第三版《俄罗斯联邦海洋学说》（前两版于2001年、2015年颁布），指出：保持海上大国地位、开发北极使之成为战略资源基地，挖掘海洋潜力、确保海上石油运输安全。

俄罗斯联邦政府出台的一系列北极政策文件，不仅能改善北极地区开发的政策环境，同时对中俄共建"冰上丝绸之路"的进一步推进影响重大。

第四章
共建"一带一路"的新领域——"冰上丝绸之路"

"冰上丝绸之路"的概念及提出过程

概念

关于"冰上丝绸之路",目前可查阅到的标准解释是,穿越北极圈,连接北美、东亚和西欧三大经济中心的海运航道。路线方向是西起西北欧北部海域,东到符拉迪沃斯托克(海参崴),途经巴伦支海、喀拉海、拉普捷夫海、东西伯利亚海和白令海峡。

然而,此解释有一定局限,这一线路仅仅指北极东北航道。"冰上丝绸之路"当前重点确实在此区域和线路,但只能是包括而不限于。西北航道已于2014年打通和中国科考队第九次北极科考正在探索的北极中央航道,无疑有极其重要的地位和作用,理应构成"冰上丝绸之路"的一部分。因此,"冰上丝绸之路"不但包括连接东北亚与西欧的最短海运航道,也包括连接东北亚与北美洲东海岸的最短海运航道;既包括北极东北航道,也包括北极西北航道,还包括北极中央航道;包括沿上述各航道周边的码头、机场、科考、旅游、油气能源等多方面的开发与合作。

"冰上丝绸之路"是"一带一路"倡议在北极的自然延伸,符合新时代下中国共建"人类命运共同体"的战略构想,将开启中国"认识北极、保护北极、利用北极和参与治理北极"的新纪元,同时也为国际社会创造了新的经济发展支点。

提出过程

"冰上丝绸之路"在中国有着深远的历史和现实基础。自1925年加入《斯匹次卑尔根群岛条约》以来，中国关于北极的探索不断增加，合作不断深化。2013年，习近平总书记先后提出共建"丝绸之路经济带"和"21世纪海上丝绸之路"的重大倡议。随着全球变暖，南北两极的冰雪融化加速，冰期缩短，为北极航道的开发和利用带来了空前的机遇。2015年7月，全国人大常委会修改通过了新的国家安全法，正式将维护中国极地活动、资产和其他利益的安全纳入国家战略新疆域。2017年6月20日，国家发展和改革委员会、国家海洋局联合发布《"一带一路"建设海上合作设想》，提出包括"积极推动共建经北冰洋连接欧洲的蓝色经济通道"在内的三条蓝色经济通道，标志着"冰上丝绸之路"被正式纳入"一带一路"倡议总体布局。

2015年中俄两国总理第20次会晤联合公报提到，要加强北方航道开发利用合作，开展北极航运研究。2016年第21次会晤联合公报进一步明确，要对联合开发北方海航道运输潜力前景进行研究。2017年5月，在"一带一路"国际合作高峰论坛上，普京希望中国能利用北极航道，把北极航道同"一带一路"连接起来。2017年7月，中国国家主席习近平访问莫斯科，与俄罗斯总理梅德韦杰夫就"冰上丝绸之路"议题达成初步共识。其实质是中俄两国共同合作开发、建设和利用北极东北航道。2017年11月，习近平在北京与梅德韦杰夫就"冰上丝绸之路"议题再次深入交换意见，将"冰上丝绸之路"确立为"一带一路"建设和欧亚经济联盟对接合作的重要发展方向。"冰上丝绸之路"概念得到进一步推广。2018年1月26日，国务院新闻办公室发布《中国的北极政策》白皮书，明确表示"中国愿依托北极航道的开发利用，与各方共建'冰上丝绸之路'"。

第四章
共建"一带一路"的新领域——"冰上丝绸之路"

"冰上丝绸之路"油气资源勘探与开发情况

北极地区油气资源总体概况

北极地区油气资源极其丰富。在2100万平方千米永冻土、冰盖和水域下面，蕴藏着大量的油气。据调查，北极地区共有盆地30多个，大部分盆地有商业发现或油气潜力。截至2008年10月，北极地区共钻勘探井2000多口，地层参数井260口，发现446个油气田，其中陆上油气田330个，海上油气田116个；陆上油气发现高峰期集中在20世纪90年代。海上油气发现呈逐年递增的趋势，在20世纪80年代出现小高峰，2000年以后挪威海域的发现数量逐年增长。目前，北极油气勘探开发主要集中在阿拉斯加北部陆坡、加拿大马更些三角洲、西巴伦支海、波弗特海等盆地，北极地区仍有近半数盆地未进行油气勘探。

2008年5月，美国地质调查局（USGS）在对北极圈内33个地理区域（表4-1）的油气资源进行系统评估，发布了《北极地区油气潜力评估报告》，显示北极地区待开发的总油气资源量为4120亿桶（564.4亿吨）油当量，其中石油、天然气、天然气液分别高达900亿桶（122.9亿吨）、1670万亿立方英尺（47.9万亿立方米）和440亿桶（60亿吨），其中石油约占世界已探明储量的13%、天然气占30%、天然气液占20%；其中85%的油气资源分布在海域。

表4-1 北极地区各盆地油气资源情况表

序号	盆地名称	石油（万吨）	凝析油（万吨）	油气当量（万吨）	商业发现
1	西西伯利亚盆地	49920.76	277283.33	1808277.44	是
2	北极阿拉斯加	408667.22	80543.79	992521.69	是
3	东巴伦支海盆地	101017.84	19399.90	842339.56	是
4	东格陵兰裂谷盆地	121425.05	110778.21	428119.23	否

续表

序号	盆地名称	石油（万吨）	凝析油（万吨）	油气当量（万吨）	商业发现
5	叶尼塞-哈坦加盆地	76162.21	36489.05	339903.48	是
6	美亚盆地	132629.63	7388.65	269350.99	否
7	西格陵兰-东加拿大	99222.82	15721.33	232744.09	否
8	拉普捷夫海陆棚	42496.37	11828.06	128350.63	否
9	挪威沿岸盆地	19604.64	6884.52	99874.67	是
10	巴伦支海台地	28037.16	3801.60	91442.56	是
11	欧亚盆地	18306.93	7096.35	69677.35	否
12	北卡拉海盆地和台地	24651.03	5322.60	64013.47	否
13	帝曼-伯朝拉盆地	22740.74	2766.19	46109.20	是
14	北格陵兰剪切带	18411.27	3724.95	45340.59	否
15	罗蒙诺索夫-马卡洛夫	15096.48	2612.74	33977.79	否
16	斯维德鲁普盆地	11609.14	2607.97	33759.55	是
17	勒拿-阿纳巴尔盆地	26091.82	769.43	31650.67	否
18	北楚科奇-弗兰格尔盆地	1172.90	1453.61	16416.01	否
19	威尔克塔斯基盆地	1337.13	1386.23	15776.43	否
20	拉普捷夫海西北陆棚	2349.35	1631.75	14184.24	否
21	勒拿-维柳依盆地	5140.37	486.40	8662.22	是
22	济良卡盆地	652.26	547.51	4623.69	否
23	东西伯利亚海盆地	269.12	148.81	1824.08	否
24	霍普盆地	33.69	155.09	1662.31	否
25	加拿大西北内陆盆地	316.99	207.87	1220.37	否
26	梅津盆地	未定量评价	未定量评价	未定量评价	否
27	诺拉亚-则姆利亚盆地和海军穹隆	未定量评价	未定量评价	未定量评价	否
28	通古斯盆地	未定量评价	未定量评价	未定量评价	否
29	楚科奇边疆	未定量评价	未定量评价	未定量评价	否
30	育空	未定量评价	未定量评价	未定量评价	否

续表

序号	盆地名称	石油（万吨）	凝析油（万吨）	油气当量（万吨）	商业发现
31	长峡	未定量评价	未定量评价	未定量评价	否
32	扬马延微陆块	未定量评价	未定量评价	未定量评价	否
33	富兰克林陆棚	未定量评价	未定量评价	未定量评价	否
	总计	1226143.38	601036.23	5621822.71	

资源分布

北极油气资源分布不平衡。超过87%的油气储量分布在七大北极盆地（表4-2），总量超过3600亿桶（493亿吨）油当量。西西伯利亚盆地是世界上最大的油气盆地，预计总储量近1325.7亿桶（181.6亿吨）油当量；北极阿拉斯加区域加油气储量近727.7亿桶（99.7亿吨）油当量；东巴伦支海盆地油气储量预计617.6亿桶（84.6亿吨）油当量，三者之和约占北极地区总油气资源量的65%。

表4-2　北极地区七个主要盆地油气资源分布

序号	盆地名称（国别）	原油（亿桶）	天然气（万亿立方英尺）	凝析液（亿桶）	油气总量（亿桶油当量）
1	西西伯利亚盆地（俄）	36.6	651.5	203.3	1325.7
2	北极阿拉斯加（美）	299.6	221.4	59	727.7
3	东巴伦支海盆地（俄、挪）	74.1	317.56	14.2	617.6
4	东格陵兰裂谷盆地（丹）	89	86.18	81.2	313.9
5	叶尼赛-哈坦加盆地（俄）	55.8	99.96	26.8	249.2
6	亚美盆地（美、加）	97.2	56.89	5.4	197.5
7	西格陵兰-东加拿大（加、丹）	72.7	51.82	11.5	170.6
	总计	725	1485.31	401.4	3602.2

据美国地质调查局估计，超过70%的原油分布在五大盆地：北极阿拉斯加区域（299.6亿桶或41亿吨）、亚美盆地（97.2亿桶或13.3亿吨）、东格陵兰裂谷盆地（89亿桶或12.2亿吨）、东巴伦支海盆地（74.1亿桶或10.2亿吨）和西格陵兰-东加拿大区域（72.7亿桶或9.96亿吨）。超过70%的天然气资源分布在三大盆地：西西伯利亚盆地（651.5万亿立方英尺或18.7万亿立方米）、东巴伦支海盆地（317.6万亿立方英尺或9.1万亿立方米）和阿拉斯加盆地（221.4万亿立方英尺或6.4万亿立方米）。

从地区分布看，北极地区油气资源在欧亚区域和北美区域的分布也不均衡。据估计，欧亚区域约占总储量的63%，北美区域约占36%。欧亚区域主要是天然气和天然气液，预计占欧亚区域总油气储量的88%。欧亚西西伯利亚盆地和东巴伦支海盆地拥有1943亿桶（266.2亿吨）油当量未开发，占欧亚区域总油气资源的74%。北美区域主要是原油，预计占北美区域总油气储量的65%。其中，阿拉斯加北极区域原油储量预计约300亿桶（41.1亿吨）；位于加拿大以北的美亚海盆地原油储量预计约97亿桶（13.3亿吨）；东格陵兰裂谷原油储量预计约89亿桶（12.2亿吨）。总之，北美区域这3个盆地预计原油储量约486亿桶（66.6亿吨），占北极原油总储量的54%。

从国家分布看，北极油气资源也极不平衡。俄罗斯北极地区油气资源最为丰富，天然气储量预计662万亿立方英尺（19万亿立方米）、原油80亿桶（11亿吨）。其次是美国。

北极地区勘探开发总体概况

北极地区油气勘探开发历史已有90多年（表4-3），最早可追溯到20世纪20年代，早期由加拿大西北地区的罗曼威尔斯最先开始北极地区石油商业开采。

第四章
共建"一带一路"的新领域——"冰上丝绸之路"

表4-3 北极油气资源勘探现状一览表

序号	国家地区	盆地或海名	油田或区块	陆域或海域	发现年份	勘探开发状况	所属公司	原油（万吨）	天然气（亿立方米）	凝析油或天然气液（万吨）	合计（万吨油当量）	备注
1	俄罗斯	巴伦支海	北基尔金斯克油田	海域	1983	未开发						
2			什托克曼凝析气田	海域	1988	未开发	俄气		39000	5600		
3			廖达瓦那区块	海域		有发现			5400			
4			菲尔斯曼诺夫斯基区块	海域		有发现			9447			
5			卢德洛夫斯基气田	海域		未开发			2200			
6			黑紊夫斯基区块	海域		勘探		39000	20000			
7			北吉利金斯基气田	海域		未开发	未分配		180			
8			菲德恩斯基区块	海域		勘探	俄油+埃尼					
9			西滨新地区块	海域		勘探	俄油	143400	18900			
10			普里拉兹罗姆油田	海域	1989	2013年开始生产	Gazprom Nef Shelf	7094				俄北极第一个在产油气田，年产260万吨
11		伯朝拉海	多尔金斯基油田	海域	1999	未开发	俄气	10000～30000	90			预估储量
12			北古利亚耶夫斯基气田	海域	1986	未开发	俄油		180	200		在南俄区块内
13			帕莫尔斯基凝析气田	海域	1985	未开发						

125

续表

序号	国家或地区	盆地或海名	油田或区块	陆域或海域	发现年份	勘探开发状况	所属公司	储量 原油（万吨）	储量 天然气（亿立方米）	储量 凝析油或天然气液（万吨）	合计（万吨油当量）	备注
14	俄罗斯	喀拉海	卢萨诺夫凝析气田	海域	1989	未开发	俄气		10500		20000	预估储量
15			列宁格勒气田	海域	1990	未开发	俄气		3380	300		
16			胜利油田	海域	2014	未开发	俄油+埃克森美孚	10000				预估储量，属东滨新地1区块
17			卡缅诺梅海气田	海域								
18			北卡缅诺梅海气田	海域								
19			楚克辛气田	海域			Gazflot					
20			鄂毕湾气田	海域								
21			沙拉波夫区块	海域		勘探			8800			预估储量
22		拉普捷夫海	乌斯奇-奥列涅克斯基区块	海域		勘探	俄油+埃克森美孚					
23		楚科奇海	哈坦格斯基区块	海域		勘探	俄油				数百万吨	预估储量
24			北乌兰格列夫斯基区块	海域		勘探	俄气		200000	10000		预估储量
25		东西伯利亚海	东西伯利亚1区块	海域		勘探	俄油		137000	12000		预估储量
26		西西伯利亚	塔兹湾（Tazovskoye）油田	陆域	1962		Gazflot					

第四章
共建"一带一路"的新领域——"冰上丝绸之路"

续表

序号	国家或地区	盆地或海名	油田或区块	陆域或海域	发现年份	勘探开发状况	所属公司	储量 原油（万吨）	储量 天然气（亿立方米）	储量 凝析油或天然气液（万吨）	合计（万吨油当量）	备注
27	挪威	巴伦支海	Goliat油田	海域								
28			Snohvit油田	海域								
29			Skrugard远景构造	海域			Statoil				2046~3411	预估储量
30	格陵兰		Sigguk区块	陆域			凯恩能源公司					两口探井钻遇油层，两口探井有天然气显示
31	加拿大		罗曼威尔斯	陆域								
32			Taglu油田、Niglingak气田、Parsons Lake气田	陆域			帝国石油、埃克森美孚、康菲、壳牌					
33	美国		阿拉斯加普鲁德霍湾油田	陆域	1967			185539				
34			Liberty油田	海域								

127

俄罗斯1962年最早发现大型油气田（储量超过5亿桶或0.68亿吨油当量），其在鄂毕湾（Ob Bay）地区发现了塔兹湾油田。随后美国1967年在阿拉斯加北坡发现了普鲁德霍湾油田（Prudhoe Bay，石油可采储量136亿桶或18.6亿吨），是北极地区最主要的石油在产项目。北极地区已经探明的油气资源也相当可观，已发现大约61个大型油气田，其中俄罗斯占43个（33个气田和2个油田分布在西西伯利亚盆地、5个在季曼-伯朝拉盆地、2个在南巴伦支海盆地、1个在卢德洛夫隆起带）。其他18个大型油气田中，美国阿拉斯加有6个，加拿大11个，挪威1个。这些已发现的大型油气田还有15个未投入开发。其中11个分布在加拿大西北地区，2个在俄罗斯，2个在美国阿拉斯加。

俄罗斯的北极油气勘探开发情况

俄罗斯北极地区区域面积最大，分布海域最多，有巴伦支海、伯朝拉海、喀拉海、拉普捷夫海、东西伯利亚海、楚科奇海等。著名的海湾有鄂毕湾、塔佐夫湾、叶尼塞湾、哈坦加湾等。著名的岛屿有新地岛、法兰士约瑟夫地群岛等，半岛有亚马尔半岛、戈旦半岛等。

俄罗斯对北极油气勘探开发最为积极，动作最为频繁（见表4-4）。俄罗斯自我定位为"未来北极能源的引导者"。俄罗斯北极范围内的含油气盆地有8个，油气勘探总面积超过900万平方千米，至今俄北极地区共发现268个油气田，发现原油储量368亿桶（50.4亿吨），天然气和天然气液2651亿桶（363.2亿吨）油当量。其中西西伯利亚盆地发现94个油气田，发现油气储量2611亿桶（357.7亿吨）当量，占整个俄北极85.6%；其次，蒂曼-伯朝拉盆地北部发现146个油气田，发现油气储量143.5亿桶（19.7亿吨）油当量。预测俄北极待发现资源量石油400亿桶（54.8亿吨），天然气和天然气液1954亿桶（267.7亿吨）油当量。

第四章
共建"一带一路"的新领域——"冰上丝绸之路"

俄罗斯天然气工业股份公司早在1988年在巴伦支海发现什托克曼凝析气田，其天然气可采储量约3.9万亿立方米、凝析油可采储量约5600万吨；在巴伦支海廖达瓦耶区块也有发现，预估储量5400亿立方米；在伯朝拉海发现鲁萨诺夫气田，油气储量2亿吨油当量；在喀拉海发现列宁格勒气田，天然气储量1.05万亿立方米、凝析油300万吨。俄气公司的子公司Gazflot公司在喀拉海（主要在鄂毕湾和塔兹湾）积极勘探，发现了卡缅诺梅海气田、北卡缅诺梅海气田、楚克梁辛气田和鄂毕湾气田。2014年，俄气石油大陆架（GNS）公司将伯朝拉海的普里拉兹洛姆诺耶（Prirazlomnoye）油田（1989年发现，可采储量5.2亿桶或0.71亿吨）投产，目前年产500万吨，这是俄罗斯独自在北极海域开发的第一个油田。为了利用外资，俄罗斯政府出台优惠政策，取消北极大陆架所有新的油气项目的出口关税。

俄罗斯石油公司与埃克森美孚合资（分别占股2/3、1/3），在喀拉海的东滨新地（1/2/3）区块、北卡尔斯基区块，拉普捷夫海的乌斯奇–奥列涅克斯基区块、乌斯奇–林斯基区块、阿尼辛斯克–新西伯利亚区块、楚科奇海的北乌兰格列夫斯基（1/2）区块、南楚科奇区块，鄂霍次克海的卡舍瓦罗夫斯基区块、利相斯基区块、马加丹1区块等地进行风险勘探，并共同开发抗冰钻井平台技术。2014年，双方的合资公司在东滨新地1区块发现了胜利油田，原油和天然气储量分别为1亿吨和3380亿立方米，目前尚未投入开发。俄罗斯石油公司与挪威国家石油公司合资（分别占股2/3、1/3），在巴伦支海的别尔谢耶夫斯基区块、阿尔巴诺夫区块、瓦尔涅克斯基区块进行风险勘探。俄罗斯石油公司与挪威国家石油公司合资（分别占股2/3、1/3），在巴伦支海的菲德恩斯基区块进行风险勘探。俄罗斯石油公司于2017年6月18日宣布在北极拉普捷夫海（Laptev Sea）哈坦加湾（Khatanga Bay）大陆架上发现油田。取自深2305

米到2363米的Tsentralno-Olginskaya-1井三个样本显示出油饱和度以轻油状物为主，含油面积17218平方千米。俄罗斯石油公司在俄北极大陆架的28个许可证，发现24个油气藏和400多个有潜力的油气开发项目，合计储量340亿吨（2492.2亿桶）油当量。专家估计，到2050年北极地区可以提供俄原油总产量的20%~30%。

"冰上丝绸之路"的油气资源运输

为进行比较，在北极航线东北航道中，从亚马尔半岛出发，向西出发穿过喀拉海、巴伦支海、挪威海进入大西洋，途经苏伊士运河或好望角，经过马六甲海峡，最后抵达中国沿海的运输路线定义为A通道和B通道。从亚马尔半岛出发，向东出发，沿着东北航道途经喀拉海、拉普捷夫海、东西伯利亚海、楚克奇海，穿过白令海峡，经拉夫连季亚抵达中国沿海的运输路线定义为C通道。所有通道以亚马尔半岛内的萨贝塔港为起始港，中国大连港为终点港。

苏伊士运河位于埃及境内，总长72千米，河道深度为24米，允许吃水20.12米，宽度超过300米，可双向通航。它使大西洋、地中海与印度洋连接起来，极大地缩短了东西方航程，但船舶通过苏伊士运河需要不低的通航费用。A通道具体走向为：从萨贝塔港口出发，途经喀拉海和巴伦支海，经鹿特丹港进入大西洋，通过直布罗陀海峡，经地中海和苏伊士运河，进入红海，经过马六甲海峡，向北抵达大连港。总航程14089海里，每航次平均用时约43天（表4-5）。

表4-4 俄罗斯北极海域油气资源勘探开发现状一览

序号	海名	油田或区块	陆域或海域	发现年份	勘探开发状况	所属公司	原油（万吨）	天然气（亿立方米）	凝析油或天然气液（万吨）	合计（万吨油当量）	备注
1	巴伦支海	北基尔金斯克油田	海域	1983	未开发						
2		什托克曼凝析气田	海域	1988	未开发	俄气		39000	5600		
3		廖达瓦耶区块			有发现	俄气		5400			
4		德米多夫斯基区块			勘探	俄气					
5		麦德维日斯区块			勘探	俄气					
6		菲尔斯曼诺夫斯基区块			有发现	俄气		9447			
7		卢德洛夫斯基气田			未开发			2200			
8		黑索夫斯基区块			勘探	未分配	39000	20000			
9		北吉利金斯基气田			未开发			180			
10		菲德恩斯基区块			勘探	俄油+埃尼					
11		中巴伦支区块			勘探						
12		西渥新地区块			勘探	俄油	143400	18900			预估储量

续表

序号	海名	油田或区块	陆域或海域	发现年份	勘探开发状况	所属公司	原油（万吨）	天然气（亿立方米）	凝析油或天然气液（万吨）	合计（万吨油当量）	备注
13	巴伦支海	别尔缟耶夫斯基区块			勘探						
14		阿尔巴诺夫区块				俄油+挪威国油					
15		瓦尔涅克斯基区块									
16		普里拉兹罗姆油田	海域	1989	2013年开始生产	俄气	4640				俄北极第一个在产油气田，年产260万吨
17		多尔金斯基油田		1999	未开发	俄气	10000~30000				预估储量
18	伯朝拉海	梅登-海兰区块			勘探	俄油					
19		梅登-瓦兰德区块			勘探	俄油	5000				预估储量
20		南俄罗斯区块			勘探	俄油					
21		北古利亚耶夫斯基气田		1986	未开发	俄油		90			在南俄区块内
22		帕莫尔斯基凝析气田		1985	未开发	俄油		180	200		
23		西马特维耶夫斯基区块			勘探	俄油					

第四章 共建"一带一路"的新领域——"冰上丝绸之路"

续表

序号	海名	油田或区块	陆域或海域	发现年份	勘探开发状况	所属公司	原油（万吨）	天然气（亿立方米）	凝析油或天然气液（万吨）	合计（万吨油当量）	备注
24	伯朝拉海	南溪新地区块			勘探	俄油					
25		俄罗斯新区块			勘探	俄油					
26		北帕莫尔斯基（1/2）区块			勘探	俄油					
27		卢萨诺夫凝析气田	海域	1989	未开发	俄气				20000	预估储量
28		列宁格勒气田	海域	1990	未开发	俄气		10500			
29		东溪新地（1/2/3）区块	海域		勘探				300		
30	喀拉海	北卡尔斯基区块			勘探	俄油+埃克森美孚					
31		胜利油田		2014	未开发		10000	3380			预估储量，属东滨新地1区块
32		斯库拉托夫区块			勘探						
33		尼而梅斯基区块			勘探						
34		沙拉波夫区块			勘探			8800			预估储量

133

续表

序号	海名	油田或区块	陆域或海域	发现年份	勘探开发状况	所属公司	储量 原油（万吨）	储量 天然气（亿立方米）	储量 凝析油或天然气液（万吨）	合计（万吨油当量）	备注
35	拉普捷夫海	乌斯奇-奥列涅克斯基区块	海域		勘探						
36		乌斯奇-一林斯基区块	海域		勘探	俄油+埃克森美孚					
37		阿尼辛斯克-新西伯利亚区块	海域		勘探						
38		滨塔伊美尔区块	海域		勘探						
39		哈坦格斯基区块			勘探	俄油+埃克森美孚		数百万吨			预估储量
40	楚科奇海	北乌兰格列夫斯基（1/2）区块	海域		勘探						
41		南楚科奇区块	海域		勘探						
42	东西伯利亚海	北乌兰格列夫斯基区块			勘探	俄气		200000	10000		预估储量
43		东西伯利亚1区块			勘探	俄油		137000	12000		预估储量
44		维利基茨基（1/2）区块			勘探	俄油					
45		东西伯利亚2区块			未勘探	俄气					
46	鄂霍次克海	卡舍瓦罗夫斯基区块				俄油+埃克森美孚					
47		利相斯基区块									
48		马加丹1区块									

注：俄油在与埃克森美孚、埃尼、挪威国油等公司成立合资公司时，均按66.7%：33.33%股比组建。2014年欧美制裁后西方公司退出。

134

第四章
共建"一带一路"的新领域——"冰上丝绸之路"

表4-5　A通道航行节点间航程及时间

序号	路线	航程/海里	航速/节	时间/天
1	萨贝塔—鹿特丹港	2532.40	14	7.54
2	鹿特丹港—直布罗陀海峡	1717.60	14	4.52
3	直布罗陀海峡—苏伊士运河	2085.90	14	6.58
4	苏伊士运河—斯里兰卡	3591.70	14	10.54
5	斯里兰卡—马六甲海峡	1496.80	14	4.01
6	马六甲海峡—大连港	2664.60	14	9.03
	总计	14089.00		42.22

由于苏伊士运河限制船舶通过时的吨位，使得21万吨以上的船舶无法通过，因此，超大型船舶只能通过B通道将LNG运往中国。B通道具体走向为：从萨贝塔港口出发，途经喀拉海、巴伦支海、挪威海进入大西洋，绕过好望角，北上经莫桑比克海峡到达印度洋，经过马六甲海峡，抵达大连港。

B通道总航程16716.4海里，每航次平均用时约51天（表4-6）。与A通道一样，该通道途经的南亚和印度洋地区不但面临着海盗的威胁，而且也是地缘政治势力与大国争夺的焦点，一定程度上增加了LNG运输的风险。

表4-6　B通道航行节点间航程及时间

序号	路线	航程/海里	航速/节	时间/天
1	萨贝塔—鹿特丹港	2532.40	14	7.54
2	鹿特丹港—好望角	6286.10	14	18.71
3	好望角—马六甲海峡	5233.30	14	15.58
4	马六甲海峡—大连港	2664.60	14	9.03
	总计	16716.40		50.86

C通道的具体路线是由萨贝塔港向东出发，沿东北航道运行，途径喀拉海、拉普捷夫海、东西伯利亚海、楚克奇海，穿过白令海峡，经拉夫连季亚最

后抵达大连港。总航程6119.2海里，每航次平均用时约19天（表4-7）。

表4-7 C通道航行节点间航程及时间

序号	路线	航程/海里	航速/节	时间/天
1	萨贝塔—拉夫连季亚	2572.70	14	7.86
2	拉夫连季亚—千岛群岛	1473.90	14	4.39
3	千岛群岛—宗谷海峡	612.90	14	1.82
4	宗谷海峡—大连港	1459.70	14	4.34
	总计	6119.20		18.41

通过航程、航行时间、通航时段、安全保障、船舶吨位限制、是否需要破冰船领航和其他成本等几个方面对A、B和C通道进行比对分析可知（表4-8），C通道较大程度地缩短了航程与航行时间，且无船舶吨位限制。同时，C通道所处的北冰洋拥有特殊的地理环境，可减少海盗的侵袭，保证航行的安全，相应也无须支付海盗险，但相应地也需要支付破冰领航、海冰冰情监测和预报服务费。

表4-8 A、B和C通道基本情况对比

项目	A通道	B通道	C通道
航程/海里	16716.00	16716.40	6119.20
航行时间/天	43	51	19
通航时段	全年	全年	8—10月
安全保障	缺乏安全保障	缺乏安全保障	一些重要航段有较高安全保障
船舶吨位/万吨	21	无限制	无限制
是否需要破冰船领航	不需要	不需要	需要
其他成本	支付高昂港口使用费	支付少量港口使用费	支付破冰领航、海冰冰情监测和预报服务费

第四章　共建"一带一路"的新领域——"冰上丝绸之路"

从亚马尔半岛内的萨贝塔港向东出发，沿着东北航道，最后抵达大连港的C通道，航行距离与航行时间较短，相应减少了燃油费用。同时具有较高的安全保障，且无需考虑限载问题，但某些航段所处海域气候条件十分恶劣，离不开破冰船引航，由此也会带来一些额外的影响和限制。虽然目前C通道的开通还只是季节性的，全年大部分时间尚不能完全通航，但从长远来看，随着全球气候逐渐变暖，东北航道全年的通航时间逐渐延长，破冰引航服务费也会随之降低。此外，根据诺瓦泰克公司的测算，C通道的LNG运费在每百万英热单位1.84美元。未来在勘察加建设LNG中转设施的情况下可减少船只成本，进而将运费降至每百万英热单位1.65美元。

相关政策建议与思考

总体来看，"冰上丝路"沿线地区的油气资源开发存在以下五大机遇和四大风险。

机遇方面：

一是全球能源清洁化趋势和中国能源需求增长为北极油气资源开发创造有利的市场环境。"冰上丝路"沿线地区油气资源以气为主。天然气符合全球能源清洁利用的总体发展趋势。参与北极天然气资源开发可以提升中国企业在未来全球能源市场中的地位和竞争力。此外，中国的油气需求仍在增长，其中天然气的增长将更为可观。中国企业可以利用中国市场优势在北极项目中提升话语权，同时通过参与北极项目反哺中国市场，提升国内天然气供给保障能力。

二是中俄双边关系持续强化为"冰上丝路"能源合作创造了根本条件。中俄保持了长期高水平紧密的双边外交关系。在美国单边霸权主义抬头和去全球化趋势显现的情况下，中俄两国加强政治和经济合作具有重要意义。能源项目的合作是加深两国经济合作和深化政治互信的重要方面。在此背景下，2014年以来，两国在若干重要的能源项目上取得了突破。两国已确立了能源合作的政府间谈判机制，为包括北极项目在内的两国未来的能源项目合作创造了良好的外部环境。

三是俄罗斯政府的政策支持和中国政府的财政支持助力中国企业开发"冰上丝路"。北极资源开发和北方航道建设已经被俄罗斯政府列入各类政府战略和规划，比如《2035年前能源战略》《2024年前重大基础设施改造扩建综合计划》等。俄罗斯政府计划投入资金改造和建设港口、运输设施以促进能源开发。俄罗斯政府计划在2035年前将LNG产量提升至每年8300万吨，其中北极地区的LNG项目将贡献大部分产量。俄罗斯能源部还计划通过提供新的税收优惠来刺激北极地区的油气勘探和生产。中国政府也为推进"冰上丝路"合作和油气资源开发提供强有力的政治和财政支持。

四是多国油气企业共同参与北极油气开发项目，投资风险大大降低。俄罗斯天然气工业股份公司、俄气石油公司、俄罗斯石油公司、诺瓦泰克公司相继在企业长期战略中将北极地区的油气项目放在优先发展的位置。诺瓦泰克公司完成了北极LNG-2项目的前段设计并启动了北极LNG-3项目勘探，同时在天然气液化技术本地化方面也取得了一定的进展。该公司还与法国、日本、韩国、印度、沙特阿拉伯等国公司确认了未来合作开发意向。俄气石油公司与壳牌达成开发北极陆上油田协议并计划未来5年内投资4000亿卢布深入开发新港项目及周边基础设施。俄罗斯企业的积极态度扩大了北极项目的选择空间，其他国家企业的积极参与也有利于促进国际合作，降低投资风险。

五是中国企业在俄罗斯油气项目开发中积累了丰富的经验，为推进"冰上

第四章
共建"一带一路"的新领域——"冰上丝绸之路"

丝路"建设奠定了基础。以集团公司为首的中国油气企业经过30余年的实践在对俄合作中成功实施了多个大型项目，积累了丰富的经验。中国石油是亚马尔液化天然气项目的重要股东，在近5年的项目实施过程中积累了北极项目的开发经验和国际合作经验。这为未来继续参与北极项目提供了良好的合作基础。

风险方面：

一是北极项目的技术风险相对较高。技术风险在项目类别（勘探还是开发）和地理位置（陆上和海上）上有所区别。在北极地区，总体上技术风险相比其他区域较高。其中，勘探项目和海上项目的风险相对更高，开发项目和陆上项目相对较低。俄罗斯石油公司大幅减持伯朝拉LNG项目股权从侧面印证了北极项目的高风险特征。由于北极项目技术风险较高，成功的概率也相对较小，这对企业的决策能力和成本控制能力提出了极高的要求。

二是资源国政策缺陷和不稳定性影响项目推进和经济效益。俄罗斯能源政策多变，税收优惠政策也具有较强的权宜性。未来北极项目的准入、能源运输和税收政策仍存在较大的不确定性。为了平衡不同油气产区的发展，俄罗斯政府可能对外国企业参与北极项目时设置障碍或附加条件。此外，在中国企业已参与的北极项目中也暴露了投资保护协定效力有限、税负不公等问题。

三是美欧对俄制裁增加项目投资风险。俄罗斯的北极地区的资源开发、对外融资和相关技术设备的合作仍是欧美制裁的重点对象。当前俄美关系并未显示出改善的迹象，因此制裁有可能长期持续。此外，俄罗斯的北极项目以天然气生产和出口为主，与美国在全球市场上存在竞争关系。美国有可能利用制裁措施实现打击竞争对手的目的。亚马尔液化天然气项目因在制裁发动前完成签约，未受到制裁影响，但之后的LNG项目将在成本控制、海外融资、外汇结算、投资安全、技术和设备供给方面面临一定的制裁风险。

四是俄罗斯大型油气企业之间存在复杂的竞争关系。俄罗斯天然气工业股份公司、俄罗斯石油公司、诺瓦泰克公司在大陆架油气资源开发、管道气运输、LNG出口方面存在复杂的竞争关系。这些公司与俄罗斯政府和决策层的关系也错综复杂。亚马尔液化天然气项目开工仪式的会上，普京特别要求政府和相关企业解决管道气和LNG两种出口方式可能存在的冲突问题。这种复杂的政企间和企业间关系在很大的程度上影响了北极项目的协调和推进，相应提高了中国企业在俄罗斯今后的北极项目和伙伴公司的选择方面的风险。

（本章执笔人：陆如泉　刘旭　姚睿）

第五章

对当前"一带一路"油气管道安全形势的观察与思考

第五章
对当前"一带一路"油气管道安全形势的观察与思考

2022年2月以来,随着乌克兰危机的升级和持续发酵,石油、天然气等大宗能源商品价格大幅波动,俄罗斯和欧洲之间的油气管道的输送量急剧下降,甚至出现能源供应中断。危机导致全球范围爆发新一轮能源危机,能源安全成为主要国家普遍关心的首要议题。2022年9月26日,连接俄罗斯和欧洲的北溪-1和北溪-2管道在接近欧洲的海域同时发生爆炸,导致局势进一步恶化,引发全球关注,也使得能源安全问题的重要性进一步提升。

一直以来,全球对能源安全的共识是"买得到、买得起、买得稳和运得回"。买得到指的是上游石油、天然气等能源资源的可获得性,买得起是指获取能源资源的经济性,买得稳指上游能源资源供应的稳定性,运得回指油气等能源资源运输通道的安全性和便利性。其中,通道安全在能源安全体系中发挥着关键作用,是能源安全体系的重要组成部分。

跨境油气管道安全的内涵

跨国油气管道是连接全球油气资源产地和消费市场的桥梁,是油气区域贸易的重要手段,是维系全球油气市场稳定的重要保障,具有鲜明的经济性、政治性、战略性。重要跨国油气管道的形成,将改变途经地区的战略地位。因而，与国内油气管道不同，跨国油气管道安全的内涵除了涉及管道自身技术、操作和第三方破坏等传统安全要素之外，还更多与政治、外交、国际合作等有关。

目前学术界对跨国管道运营安全的基本内涵尚未形成统一的认识。根据国家标准（GB/T 28001[1]）的定义，安全是指"免除了不可接受的损害风险的状态"，而稳定则是指在一定时期内不会轻易变化的一种状态，因而，跨国管道的安全稳定运营从基本含义来讲就是通过持续的危险识别和风险管理过程，使管道在相当长的一段运营期内，保持安全、连续生产。按照中国国际问题研究院杨晨曦研究员的界定，管道运营安全包括稳定供应、维护合理运输成本和在建项目实施三个方面要素。因而，全面的跨国管道运营安全是指上述三个方面既不受到现实破坏，也免于潜在威胁。

资源国、过境国、消费国之间的关系是跨国油气管道运营安全的第一要素

作为重要的能源互联互通基础设施，跨国油气管道一端联结着资源国的市场安全，另一端联结着消费国的能源安全，中间则关系过境国的相关经济收入。管道油气交易大都是长期协议合同，一旦管道运输受到蓄意破坏，将影响资源国、过境国、消费国之间的正常贸易关系。在这个意义上，稳定管道油气供应对于三方而言具有共同利益。

国际油气合作具有鲜明的战略性、政治性，跨国油气管道的运营安全也经

---

[1] GB/T 28001认证即职业健康安全管理体系认证。职业健康安全管理体系（OHSMS）是20世纪80年代后期在国际上兴起的现代安全生产管理模式，它与ISO 9001和ISO 14001等标准规定的管理体系一并被称为后工业划时代的管理方法。GB/T 28001—2011（即OHSAS 18001:2007）标准是可用于第三方认证的唯一OHSMS标准，该标准为各类组织提供了结构化的运行机制，帮助组织改善安全生产管理，推动职业健康安全和持续改进。

第五章
对当前"一带一路"油气管道安全形势的观察与思考

常成为供给方(资源国)、需求方(消费国)、过境国及域外势力谋求政治目的的工具。重要跨国油气管道的建成,将提高过境国的地缘政治地位,使其与供需双方形成不平衡的相互依赖,进而获得更大的国际政治权力。

一是为保障市场安全和资源安全,油气供需双方将更加重视过境国的利益诉求,满足其未有油气管道时的政治要求。过境国也有可能将其他方面的利益诉求与管道运营挂钩,从而危及其安全。以俄—乌—欧天然气管道为例,2022年乌克兰危机之前的数十年,尽管俄乌之间由于政治因素围绕输气量、价格、税费等问题针对管道运营进行过多次博弈,甚至出现断气现象,但俄罗斯与欧洲在天然气供需方面的深度相互依赖及乌克兰对过境税费的需求,致使各方总能在恢复供气方面达成共识。

二是域外国家和其他势力也是影响长期、稳定油气管道运输的重要因素。油气管道的战略意义,使其极易成为大国间地缘政治博弈工具。通过对过境国施加影响,域外国家可以参与跨国油气管道起点港口营建、沿线地域经济建设、相关油气田建设等,从而影响该管道的运营。以著名的BTC石油管道(巴库—第比利斯—杰伊汉石油管道或巴杰管道)为例,该管道全长1789千米,其中443千米在阿塞拜疆境内,249千米在格鲁吉亚境内,土耳其境内有1076千米,2006年6月建成投产运营。该管线之所以如此引人注目,主要原因是该管线的建成和运营,一定程度上改变了俄罗斯、阿塞拜疆、格鲁吉亚和土耳其的地缘政治格局。这条管道屡次被西方国家称为"和平管道"和"能源走廊",它绕过俄罗斯,将阿塞拜疆的石油输往土耳其在地中海的港口,再从那儿运往欧洲消费市场。它的投产,使得俄罗斯失掉了对里海油区"出口阀门"的控制地位,可谓是美欧西方国家联手遏制俄罗斯长期以来霸占里海石油出口垄断地位的一场翻身仗。而土耳其通过控制BTC管道在土耳其的海上出口终端,成为该管道的赢家之一。

三是一些极端势力、恐怖组织可能通过威胁油气管道安全运营，迫使供给方、需求方、过境国同意其要求，这将对油气管道运营安全构成潜在威胁。管道及相关设施故障也将影响管道油气供应。典型案例之一便是伊拉克—土耳其输油管道，该管道是中东地区一条重要的跨国输油管道，管道起点为伊拉克的基尔库克，终点为土耳其的杰伊汉港，将伊拉克原油经地中海船运至世界市场。受海湾战争、伊拉克战争影响，该管道多次遭到破坏，2003年以后管道的实际输油能力仅有60万~70万桶/日。2013年9月，管道在伊拉克境内管段遭恐怖分子袭击，伊拉克境内段彻底停输。

维护合理的油气管道运输成本是跨国油气管道运营安全的第二要素

跨国管道投资巨大，一般通过商业化方式运作，要保证投资方的收益。在跨国管道的投资构成和经营模式中，参与各方既有共同利益，又有不同的利益取向。资源国和资源供应商希望通过油气出口最大限度获得外汇收益，消费国和市场用户则希望以较低的采购和运输价格获得稳定的油气供应，过境国希望通过管道建设和运营增加税收和社会效益，管道公司希望获得理想的管输收入以抵消管道运营成本，保证可持续经营。

一是管道的日常维护与设备保养、相关人力支出、应急维修、安保费用、过境税费等构成了跨国油气管道运营的主要成本。这其中，过境国政治、经济、社会、环保形势与政策变化所导致的各种变化影响巨大。现实中，油气资源国及欧洲、美洲、亚太地区主要消费国经济发展水平均较高，而过境国经济发展往往相对滞后，油气过境税费是其重要、稳定的经济来源。二是过境国在遇到经济财政困难、社会不稳时，提高跨界油气管道税费成为其重要政策工

第五章
对当前"一带一路"油气管道安全形势的观察与思考

具。这将大为加重管道运营的成本，提高下游消费国家能源成本。三是随着过境国经济发展，其能源消费量将逐步攀升，通过过境油气管道下载油、气便成为其选择。这不仅会影响管道油气运输量，也会提高运营成本。四是资源国和消费国任何一方的油气供需形势的变化，都有可能影响到跨国管道油气运输量和管道运营成本。因此，通过消费国、资源国、过境国、管道公司、托运方、下载方等相关各方之间必要的协议，平衡各方利益，维护合理的管道运输成本，是保障跨国管道经济有效和可持续运营的重要条件。

保障在建油气管道项目顺利实施是跨国油气管道运营安全的第三要素

跨国油气管道是重要的能源基础设施，关乎供需双方长期能源规划，其建设与使用周期长、投资巨大。跨国油气管道建设协议一旦达成，就成为供需双方进行中长期能源战略规划的一个特定部分。其流向、流量、预计竣工日期和使用寿命等数据，将成为双方规划能源安全的重要依据。对于过境国而言，重要跨国油气管道所能带来的经济收益，也将被编制到其未来财政计划之中。作为能源互联互通基础设施，跨国油气管道对于三方而言都是重要的优质资产。在建油气管道项目顺利实施需要巨额资金，对投资建设方融资能力存在考验，一旦投资方出现经济困难、融资不畅，庞大的管道建设工程便可能陷于停滞或延期交工。同时，过境国在环保、文保方面的政策要求、民间反应也会对管道施工造成影响，导致工程进度滞后。典型的案件就是美国支持下的"土—阿—巴—印"（TAPI）天然气管线，该管线源起土库曼斯坦，将土库曼斯坦的天然气通过阿富汗运送到巴基斯坦和印度的消费市场。但自2008年签署建设协议以来，已经过去14年时光，管道项目仍未建成投产，其核心原因有二：一是项目建设投资缺少融资渠道，二是阿富汗这个"火药桶"的安全风险一直不可控。

全球跨境油气通道基本情况与安全形势

按照2019年至2021年这三年的平均水平，全球范围内的跨境石油运输和贸易量占消费总量的一半左右，约为21亿吨，其中约5亿吨通过陆上和水下（包括海底穿越）原油管道进行输送，约16亿吨通过大中型油轮的海运方式运输；全球范围内的天然气及LNG跨境运输和贸易量占消费总量的1/3左右，约为1.3万亿立方米，其中约8000亿立方米通过陆海天然气管道进行输送，约5000亿立方米通过LNG运输船的海运方式运输。跨境石油天然气管道运输是能源安全关注的焦点。

从全球油气通道总体格局和贸易流向来看，跨国油气管道主要分布于俄罗斯/中亚—欧洲/亚洲、中东、非洲和北美地区，形成了俄罗斯油气出口通道、中亚里海地区油气出口通道、中东油气出口通道、非洲油气出口通道和北美地区油气跨境运输通道等5大跨国油气管道贸易通道。北美地区油气跨境通道主要是连接美国和加拿大，这一地区在经济、安全上的一体化程度较高，不作为本章分析的对象。

从贸易量上来说，乌克兰危机之前，从俄罗斯到欧洲的跨国油气管道贸易量均是全球第一，加拿大到美国的跨国油气管道贸易量位居第二。中亚到中国，以及北非到欧洲的天然气管道贸易量相差很少，分列跨国天然气管道贸易量的第三、四位。中亚和中东还有部分油气输往欧洲。由于地处阿拉伯半岛，以及近些年战争的原因，中东地区油气出口跨国管道很少，以海运为主。美国和加拿大的跨国油气管道贸易是相互的，美国从加拿大进口大量的油气产品，同时也向加拿大输送油气，特别是天然气出口贸易量占其进口量的四分之一左右。

第五章
对当前"一带一路"油气管道安全形势的观察与思考

地缘冲突下的俄罗斯油气出口管道

俄罗斯原油主要出口至欧洲和亚太地区，总出口能力达到3.7亿吨/年。其中欧洲是俄罗斯原油出口的重要传统市场，俄罗斯出口能力能达到2.8亿吨/年；亚洲方向出口能力为8700万吨/年。俄罗斯真正意义上的跨国原油管道主要有友谊管道、鄂木茨克—查尔朱管道、东西伯利亚—太平洋原油管道中国支线（中俄原油管道）。俄罗斯天然气传统上主要出口地区为欧洲与独联体国家，其管道总出口能力为2780亿米^3/年。俄罗斯向欧洲出口天然气主要有4个通道，即波罗的海通道、白俄罗斯通道、乌克兰通道和黑海通道。主要跨国天然气管道有北溪管道、北极光管道、亚马尔—欧洲管道、蓝流管道等。目前俄罗斯正在积极进行天然气出口多元化的战略。2019年12月，西伯利亚力量1号（中俄天然气东线）管道项目建成投产，标志着俄罗斯向亚洲方向天然气多元化战略迈出实质性一步。

俄罗斯领土横跨亚欧两大洲，疆域辽阔，是世界政治军事大国，周边地区政治安全形势极其复杂。近年来，俄罗斯与欧美关系持续紧张，以欧美主导的北约逐步东扩，持续压缩俄罗斯的战略空间，导致双方出现战略不信任危机。在此背景之下，原先苏联时期的盟友中东欧国家纷纷倒向西方，加入北约。而波罗的海三国在政治上已经完全脱离了俄罗斯的影响，甚至与俄罗斯走向对立。

俄罗斯跨国油气管道多经过乌克兰、白俄罗斯等国向中东欧国家输送，乌克兰与白俄罗斯两国是重要过境国。两国的政治经济局势与俄罗斯油气管道安全运行息息相关。近年来，由于乌克兰政治变化导致俄乌两国政治关系恶化并出现了过境输气争端，严重影响了俄罗斯向欧洲天然气的正常输送，从而也迫使俄罗斯加紧修建北溪–1和北溪–2管道，以图绕开乌克兰向欧洲供气。2022年2月乌克兰危机爆发以来，俄—乌—欧油气管道系统成为全球关注的焦点。目前，北溪–1和北溪–2管道因爆炸仍处于停输状态。

地缘关系复杂的中亚油气出口管道

中亚里海地区是重要的油气出口地区，历史上受地缘政治的影响，该地区在苏联时期形成的油气出口通道主要通往俄罗斯，再经俄罗斯输往欧洲。苏联解体之后，随着该地区地缘政治经济关系的变化，该地区获得独立的各国出于自身政治经济的考虑，纷纷致力于油气出口的多元化，陆续建成了里海管道联盟（CPC，实际输送能力4000万吨/年）、巴库—第比利斯—杰伊汉原油管道（BTC，实际输送能力3500万吨/年）、中哈原油管道（实际输送能力2000万吨/年）、南高加索天然气管道、中亚天然气管道等重要油气通道，从而改变了该地区油气出口方向单一、主要通过过境俄罗斯出口的格局。

目前，中亚里海地区油气管道除在建的南部天然气管道以外，还规划建设上文提及的TAPI天然气管道、土库曼斯坦—里海—阿塞拜疆天然管道（跨里海天然气管道）、中亚天然气管道D线。如果这些管道得以建成，将极大增强中亚天然气出口的多元化格局。其中TAPI管道将使中亚天然气进入南亚的广阔市场，使中亚天然气出口实现南向突破；跨里海天然气管道将会使土库曼斯坦的天然气经南部天然气管道最终进入土耳其和欧洲市场，不必再绕道俄罗斯。未来该地区天然气出口将会更加灵活。

中亚里海地区是世界重要的能源生产和出口中心，同时该地区又处于欧亚之间，地缘政治关系非常复杂，历来是大国政治角逐的重要地区。虽然该地区各国目前政治经济形势相对稳定，油气生产与出口也在平稳发展，但是深层

第五章
对当前"一带一路"油气管道安全形势的观察与思考

次政治角逐一直暗流涌动。大国角力必然会影响到区内各国的政治经济发展趋势。另外，区内各国之间的较大政治矛盾和经济诉求的差异，也是该地区不容忽视的安全风险。近些年各种恐怖势力在区内各国都有渗透，在一定程度上也存在较大的安全风险。对中亚里海地区跨国油气管道的安全运营而言，主要存在三种风险因素。一是恐怖主义威胁。随着美国2021年8月从阿富汗撤军，阿富汗出现安全真空，安全形势骤然紧张，塔利班势力重新控制阿富汗，从而对塔吉克斯坦、乌兹别克斯坦和土库曼斯坦三国边境形成较大安全压力；另外，中亚地区"三股势力"活动猖獗，一定程度上威胁着中国与中亚油气管线的安全。二是区内国家政治经济局势变化的风险。以2022年1月哈萨克斯坦发生的骚乱事件为例，事件发生后，过境哈萨克斯坦的中亚天然气管道和中哈原油管道的安全问题成为中方最关注的问题。三是区内各国政治、经济和军事冲突的风险。中亚地区各国虽然唇齿相依，但是各国之间却存在各种矛盾，如里海权益之争、乌兹别克斯坦与塔吉克斯坦的水源之争等，其中里海权益的争议直接导致土库曼斯坦倡议的跨里海天然气管道一直无法提上日程。

饱受战争困扰的中东油气出口管道

中东地区位于亚、欧、非三洲的接合部，周围环绕着黑海、地中海、红海、阿拉伯海、里海和波斯湾等国际海域，便利的海运交通条件使该地区油气出口主要通过港口终端实现。该地区目前跨国油气管道不多，仅为区域内部油气出口管道。

该地区跨国输油管道主要建成于20世纪三四十年代或者七八十年代，以沙特阿拉伯和伊拉克为起点，曾建有沙特阿拉伯至约旦方向的跨阿拉伯管道（Trans-Arabian Pipeline）、伊拉克向周边国家出口原油的伊拉克—叙利亚管道、伊拉克—约旦管道、伊拉克—沙特管道和伊拉克—土耳其管道。受建成时间久远、地区政治经济局势变化、战争及伊斯兰国恐怖袭击的影响，多数跨国管道已经停输或者损毁，目前输油管道中仅有伊拉克—土耳其管道（输送能力180万吨/年，近年的实际年输量仅有60万~70万吨）仍在运营，伊拉克—沙特管道的沙特阿拉伯境内段已改为天然气管道。

该地区跨国输气管道主要建成于2000年以后，主要有伊朗通往土耳其方向的大不里士—安卡拉输气管道（Tabriz-Ankara Pipeline，输送能力120亿米^3/年，近年实际年输量约50亿~70亿立方米），埃及向约旦、黎巴嫩、叙利亚供气的阿拉伯天然气管道（Arab Gas Pipeline，输送能力220亿米^3/年，目前是停输状态）以及卡塔尔向阿曼和阿联酋供气的海豚天然气管道（输送能力330亿米^3/年，近年实际年输量约200亿立方米）。

天然气出口方面，伊朗近年来一直推进伊朗—巴基斯坦天然气管道（即和平天然气管道或IP管道）项目，由于巴基斯坦境内管道资金问题，迟迟未能实施。2010年后，随着以色列地中海上巨型气田——利维坦气田的发现，以色列也规划了多种天然气外输方案，包括陆上LNG、海上浮式LNG，修建通往埃及、土耳其的跨国海底管道等，目前最终方案尚未确定。

中东是世界上石油储量最大、生产和输出石油最多的地区，也是世界最不稳定的地区之一。对石油资源的掠夺是引起中东地区近五十年来冲突不断的重要原因，纵观1956年以来四次中东战争、两伊战争、海湾战争、伊拉克战争及近年的叙利亚危机，背后都涉及石油资源的争夺。战争和冲突对油气基础设施的破坏是影响油气陆上通道安全的主要因素，冲突和战争导致中东地区的油气基础设施包括跨国油气管道多数遭到摧毁或因政治原因弃用。

第五章
对当前"一带一路"油气管道安全形势的观察与思考

政局动荡和恐怖袭击威胁下的非洲油气管道

非洲经济欠发达，对油气资源的需求小，世界油气消费中心主要在欧洲、北美和亚洲等地区，非洲的油气资源主要输往这些经济发达地区。

非洲天然气资源主要分布在地中海南岸的北非地区，而地中海北岸是经济相对发达的欧洲地区，天然气需求量大，非洲的跨国输气管道主要将北非的天然气资源输往欧洲，为欧洲服务。非洲跨国输气管道建设最早始于20世纪70年代，跨地中海天然气管道（Trans-Mediterranean Pipeline，输送能力330亿米^3/年）为非洲第一条跨国输气管道，主要是将北非天然气资源输送到欧洲消费。20世纪八九十年代，非洲的跨国输气管道建设持续发展，输气能力有所增强，开辟了新的欧洲流向通道，新建了马格里布—欧洲天然气管道（Maghrib-Europe Pipeline，输送能力120亿米^3/年）。进入21世纪，非洲的跨国输气管道建设进入快速发展阶段，不仅管道建设数量增加，而且出口方向亦有增加，除了出口欧洲，还出口中东地区，不仅跨大陆之间管道继续发展，地区内国与国之间也出现了跨国输气管道。

非洲跨国原油管道建设开始于20世纪60年代，南非的坦赞输油管道为非洲第一条跨国原油管道。后来，非洲的跨国原油管道建设主要服务于将本地区的石油资源输送到发达的欧洲、北美和亚洲。阿尔及利亚和突尼斯之间的Trapsa输油管道和波尔马–Trapsa管道连接线的建设，均是将阿尔及利亚、突尼斯境内的原油通过地中海运往欧洲。进入21世纪，非洲跨国原油管道的出口方向有了很大变化，由以往仅出口欧洲方向，发展为出口欧洲、北美和亚洲等方向。2003年，西非地区建成投产的乍得—喀麦隆输油管道，主要是将乍得原油通过大西洋运往北美。由中国公司分别于1999年、2006年投资建成投产的苏丹和南苏丹之间的苏丹1/2/4区和3/7区原油管道主要是将该地区的原油通过红海、印度洋运往亚洲。目前，正在建设的尼日尔—贝宁原油管道，系中国公司投资并将尼日尔的原油经过贝宁"下海"。

恐怖袭击是影响非洲油气跨境通道安全的首要威胁。近年来，非洲政局动荡，安全形势紧张，尼日利亚、突尼斯、萨赫勒地区等常有动乱和恐怖袭击。比如，跨地中海天然气管道于1997年受到爆炸袭击，停输5天；1998年再次受到爆炸袭击。2011年，突尼斯境内管道受到2次爆炸破坏。2012年，由于多哥海军追捕海盗，海盗船锚对西非天然气管道造成了严重破坏。西非受到博科圣地恐怖组织威胁，未来对该地区的跨国油气管道的建设和运营带来安全隐患。另外，政局动荡和政治风险也影响着管道的安全平稳运行。2006年，乍得前总统代比向雪佛龙公司和马来西亚石油公司开出罚单，要求两家公司在24小时之内离开乍得；2016年，乍得政府指控美国能源巨头埃克森美孚未缴纳足够多的税款，对其处以约740亿美元巨额罚款，约为乍得国内生产总值（GDP）的7倍。这两起当地政府对外国投资者的"诈商"事件，对乍得—喀麦隆管道产生了重大负面影响，导致管道运营商Esso公司（埃克森美孚公司的国际子公司）一直设法转让该管道的运营权。同时，非洲管道安全运行还面临较高的环境风险。非洲大部分国家的环保法律、法规和要求延续了原西方殖民者的体系，环保标准较为严格，同时环境执法力度也在不断增强，给该地区的跨国油气管道建设和运营带来的环保风险不断提升。

"一带一路"跨境油气管道安全情况分析

截至目前，我国已成功构筑起横跨西北、西南和东北边境的三大油气管道

第五章
对当前"一带一路"油气管道安全形势的观察与思考

系统，通过三条原油管道与五条天然气管道引入境外油气资源。其中，西北方向为中亚天然气管道和中哈原油管道，东北方向为中俄原油管道和中俄东线天然气管道，西南方向为中缅天然气管道和中缅原油管道。截至2021年底，上述三大陆上能源战略通道，已累计向国内供应油气当量折合约6亿吨，已成为保障我国能源安全的重要组成部分。此外，中俄双方于2022年初签订了通过"远东管道"增加对我国供应天然气的协议。按照该协议，未来每年将有100亿立方米的天然气从俄罗斯萨哈林地区通过远东天然气管道进入中国。

中国—中亚油气管道系统

中亚天然气管道（A/B线）起源于阿姆河右岸的土库曼斯坦和乌兹别克斯坦边境，经乌兹别克斯坦中部和哈萨克斯坦南部，从霍尔果斯进入我国。管道分A/B双线敷设，单线长1833千米，设计年输量300亿立方米，通过西气东输二线向国内转供，于2009年12月顺利建成投运。C线与A/B线并行敷设，线路总长1830千米，起源于土乌边境格达依姆，经乌兹别克斯坦、哈萨克斯坦，在我国新疆霍尔果斯口岸入境，与国内西气东输三线相连，于2012年9月建成投运。A/B/C三线建成将中亚天然气管道全线输气能力提升至每年550亿立方米，可满足国内约七分之一的天然气消费需求，有效促进了我国能源安全、能源结构调整和节能减排工作。截至2021年，中亚天然气管道已累计向我国供应天然气超过3500亿立方米（折合2.8亿吨石油），并为"一带一路"沿线国家和重要合作伙伴的互利共赢提供了有力保障。

中哈原油管道是我国最先开通的陆上能源跨境通道，西起哈萨克斯坦里海的阿特劳，经哈萨克斯坦肯基亚克、库姆科尔、卡拉科因、阿塔苏等地，从我国阿拉山口入境至独山子输油管道首站，全长2833千米，目前管道原油年输送能力达2000万吨。截至2021年，中哈原油管道已累计输送原油1.1亿吨以上。

十多年来，中国—中亚油气管道系统在沿线各国、各投融资方、各利益相关方的共同合作与协同下，虽历经各种波折，但总体一直处于平稳高效安全运营的状态。近年来，中亚油气管道面临的安全风险主要表现在三个方面。

一是国家转型与政权交替易致社会动荡。比如，2008年金融危机持续发酵带来的经济衰退，以及调整经济结构、发展模式给中亚地区的国家造成了巨大压力；个别国家政权交接、领导人新老更替尚有不确定性，存在政局动荡风险；经济发展不平衡、地区发展差异导致民族矛盾突出，易引发骚乱。一旦上述矛盾冲突爆发和发酵外溢，作为特大型合作项目的油气管道系统就容易成为受攻击的靶子。二是恐怖主义和极端势力威胁日益增多。中亚地区多民族、多宗教，以"东伊运""乌伊运"和"基地"组织为代表的"三股势力"终年蛰伏于此，相互作用、形成合流，时常制造事端。特别是近年来，受阿富汗和中东乱局外溢影响，中亚地区"三股势力"渐趋活跃，伊斯兰国残余分子加紧渗透，与当地极端势力相互勾连，严重威胁地区安全。有叙伊战场"圣战"经历的极端分子、疆独分子回流到中亚地区，可能伺机实施破坏、袭击或绑架行动，对油气管道运营和人员安全构成潜在威胁。三是社会不稳定因素增加，治安刑事犯罪呈上升趋势。突出表现为，当地社会不同政见者、产业工人的抵触和敌视情绪，或打孔盗油、开井放油，或发生伤害中方人员、破坏中方资产等事件。四是沿线自然灾害多发，管道安全运营面临挑战。中亚油气管道沿线地形情况复杂，不仅穿/跨越铁路、公路、光缆、河渠等设施/环境敏感区，还穿越滑坡、泥石流、崩塌、地震等地质灾害多发区，局部地段海拔高，雨/雪季时间长，土壤、水、大气酸性污染物等腐蚀管道、设备，这些都是管道安全运行面临的现实挑战。

第五章
对当前"一带一路"油气管道安全形势的观察与思考

中俄原油管道系统

中俄原油管道起自俄罗斯远东管道斯科沃罗季诺分输站,经俄罗斯边境加林达计量站穿越黑龙江,从我国黑龙江漠河入境,与漠河—大庆原油管道相连。管道全长999.04千米(其中俄罗斯境内72千米,我国境内927.04千米),年输油能力3000万吨。俄罗斯是我国原油进口的重要来源地,中俄原油管道在运量、时间、成本上优势明显,改变了长期以来中俄原油贸易主要通过铁路运输的历史。截至2021年底,中俄原油管道运营安全、平稳,累计向我国输油2.5亿吨。

俄罗斯远东地区地广人稀,安全形势相对稳定,且边境地带还建立了联合管理区域。因此,中俄原油管道沿线地区的安全风险基本可控。中俄原油管道(境外段)的安保工作由资源国俄罗斯独立承担。

中缅油气管道系统

中缅油气管道系统包括天然气管道和原油管道,天然气管道起点为缅甸西海岸的皎漂港,原油管道起点为皎漂港东南方的马德岛,途经若开邦、马圭省、曼德勒省、掸邦,从我国云南瑞丽进入国内。由中国、缅甸、韩国、印度四国六方投资建设的天然气管道全长793千米,每年可向国内输送天然气120亿立方米,于2013年全面建成投产。该项目不仅是参与投资的四国互惠共赢的项目,还能够极大地促进缅甸社会经济发展。截至2021年底,中缅天然气管道向我国供应天然气已超过400亿立方米。原油管道由中缅双方共同出资建设,全长771千米,设计年输油量2200万吨,于2017年成功建成投产,主要是将来自波斯湾的原油在马德岛上岸后输送至我国云南。截至2021年底,中缅原油管道向我国供应原油已超过5000万吨。

近年来，影响中缅油气管道安全运营的风险主要有三方面。一是缅甸政局的持续动荡。自2016年4月缅甸民选政府上台以后，伴随着西方大国的背后搅动，民盟与军事集团的博弈加剧。而2021年2月缅甸政局生乱、军政府重新执掌政权后，缅甸国内局势持续恶化，反政府势力多次扬言要破坏油气管道的运营。二是中缅油气管道沿线的缅北掸邦尤其是山区地带，缅甸政府军的控制力相对较弱，当地少数民族地方武装组织（民地武）是各个村寨的实际控制者。缅北地区民地武数量众多、派系林立，缅甸政府与民地武之间的军事冲突持续，始终威胁着油气管道的安全。三是中缅双方合作的油气管道经常成为西方媒体和非政府组织攻击的靶子，成为当地社区和民众闹事发泄的对象。

此外，在宏观形势上，这些管道系统还面临着新的挑战和风险：中美全面战略竞争和大国博弈导致国际环境日趋错综复杂，美国对华政策以"战略竞争"为基本方向，从贸易、科技、金融、地缘政治、舆论等多个领域，全方位打压遏制中国发展，作为保障我国能源安全的跨境管道系统，或将是美西方打击或制裁的对象；乌克兰危机加速世界地缘政治格局重塑，俄罗斯面临着美西方全方位的制裁和打击，而中俄油气管道运输和正常油气贸易或将成为"受害对象"；百年未有之大变局将变得更加错综复杂，世纪疫情持续发酵，结构性去全球化可能会加速，给能源供应链安全带来严峻挑战，跨境管道运输和贸易这一供应链体系持续承压。

有关启示

通过对全球及我国主要跨国油气管道建设运营情况及安全风险分析，可以得到以下启示。

第五章
对当前"一带一路"油气管道安全形势的观察与思考

坚持发展跨国管道战略，促进与周边资源国家油气管道互联互通和安全稳定运行

尽管面临各种各样的威胁，但油气管道以其安全高效成为跨国油气贸易中不可取代的运输方式，并且发挥着日益重要的作用。我国在陆上与周边几大油气生产中心相邻，通过管道进口油气具有地理上的优势。随着"一带一路"建设逐步推进，我国与周边国家的合作更加广泛和深入，为进口油气管道的长期安全稳定运行营造了良好的环境。因此，应该继续坚持和发展进口油气管道建设，满足未来能源需求。

以政治互信、平等合作、互利共赢为基础，坚持市场化原则和国际通行的商务运作方式发展跨国油气运输合作

国际经验告诉我们在国际合作中应该"友谊归友谊，利益归利益"，不能指望其他国家按低于国际市场价格与我们达成协议。目前的国际油气供需形势趋于缓和，正在从卖方市场向买方市场过渡。我国进口油气资源可选择余地较大。在跨国油气管道合作建设中，应该坚持市场经济原则，按照国际通行规则运作，积极稳妥推进。

坚持促进与周边国家管道信息的交流和共享理念，推进区域化天然气网络互联互通体系建设和安全平稳运营

北美和欧洲天然气管网经过多年的发展，已基本形成区域化、网络化的供销体系，大大提高了供气保障能力。其中，跨洲界、跨国界的管道信息交流和共享服务平台建设起到了巨大作用，值得我们学习借鉴。未来，需要结合我国与周边国家实际情况进一步研究信息共享平台和区域化天然气网络互联互通体系建设的具体内容和路线图。

发挥政府和企业合力，推动我国油气进口管道安保体系建设

企业是跨国油气合作和进口油气管道安全运营的主体，建设和完善我国油气进口管道安全保障体系，首先要求企业切实履行职责，做好安全生产。应以市场经济为原则开展国际油气合作，签署落实企业间相关协议；借鉴国际先进技术和管理经验，提升操作管埋水平，减少失效事故；加强国内外、上下游管道运营企业合作交流和信息共享。

需要强调的是，国际石油和天然气市场的不稳定性是常态，周边国家能源合作环境也是不断变化的。在进一步完善进口油气管道安全管理体系，保障跨国管道互联互通和运营安全稳定的同时，还应该进一步坚持多元化战略，构建多元化的能源消费和进口模式，加强内部市场、管网和储备体系建设，增强风险应对能力，从根本上保障我国能源安全。

（本章执笔人：陆如泉）

第六章

如何破解共建"一带一路"所遭遇的污名化

第六章
如何破解共建"一带一路"所遭遇的污名化

共建"一带一路"倡议实施十年来，在广大发展中国家受到普遍欢迎，但于美欧等发达国家而言，它们信奉"零和博弈"思维和大国竞争的理念，认为共建"一带一路"是对西方长期主导的国际政治经济秩序的替代，是最大的"竞争者"。于是乎，污名化"一带一路"成为它们打压和攻击这一国际经济合作方案的重要手段，其核心噱头就是"债务陷阱"。

"债务陷阱"概念来源于金融学，最初是指政府或个人以超过其收入增长率的利率借款，导致其在还本付息以外项目上的经常支出日益减少的后果。20世纪70年代，西方学者谢丽尔·帕耶攻击国际货币基金组织（IMF）通过不断增加的贷款来控制许多第三世界国家的经济政策，最终导致这些国家服从发达资本主义国家的经济发展需求，这一现象被描述为典型的"债务陷阱"。

20世纪80年代拉丁美洲金融危机下的拉丁美洲各国大多受困于债务危机，经济增长限于停滞，全要素生产率出现负增长，并且拉丁美洲债务危机的结构性问题并未得到真正解决。1994年墨西哥发生债务危机，1999年巴西发生债务危机，阿根廷甚至每15年左右就会周期性地爆发债务危机。阿根廷并非1982年拉丁美洲债务的"起点"，但债务问题对其国民经济的负面影响至今未能消除，在相当程度上阿根廷已经陷入"债务陷阱"之中。1997年亚洲金融危机下的东亚各国也经历了短暂的"债务陷阱"，但其经济普遍恢复较快，通过增加外汇储备的方式提升本国汇率的稳定性，并签订《清迈倡议》，再未发生系统性债务危机。在2007年的金融危机中，因为从事掠夺性贷款并将这些债权转化为"衍生品"，受危机影响最严重的国家实行了十年的紧缩政策，即使在没有经历重大金融危机的国家，债务在2007年至2009年之间按实际价值计算平均增长了约20%。发达国家和新兴市场经济体均遭受重创，债务问题更加突出，并很难通过"增长"摆脱。部分国家在进入中等收入国家层次后，既无法在工资成本方面与低收入国家竞争，又很难在尖端科技方面与发达国家竞争，并且伴随经济弱化开始债台高筑，对外债务水平大幅提升，呈现出"滚雪球式借债"，进而导致无法摆脱债务问题，陷入"债务陷阱"。因此，"债务陷阱"概念在产生时并未对某个国家进行针对性指责，其更多运用于对国家内生性问题的分析。

当前，新兴市场的公共债务一直在上升，达到了自20世纪80年代以来从未见过的水平。自2013年以来，低收入发展中国家中债务危机或债务危机高风险国家的比例翻了一番，达到约50%。而新冠疫情的爆发则进一步加剧了部分发展中国家的债务脆弱性，最不发达国家和其他低收入国家越来越多地利用非传统信贷来源，偿债成本和再融资风险保持在高位，在发展中国家大量资本外流和融资成本上升的背景下，将需要大量增加公共借款。全球债务风险持续提升，部分国家及地区陷入传统"债务陷阱"的可能性增加。

由于债务危机的性质、原因、影响和解决办法的讨论层出不穷，主权债务不再仅仅被视为一个技术和经济问题，逐渐开始成为一个涉及政治和权力博弈的国际政治经济问题。2008年金融危机之后，将中国与"债务陷阱"挂钩的讨论逐步出现，中国推出"一带一路"倡议后，这一趋势愈加明显。

第六章
如何破解共建"一带一路"所遭遇的污名化

"一带一路"建设"中国债务陷阱论"的出现及演进

"中国债务陷阱论"最早出现于2016年5月美国《外交事务》(*Foreign Affairs*)杂志网站上发表的一篇题为《中国在斯里兰卡投资：为什么与北京的交往要付出代价》的文章，认为斯里兰卡政府重启的科伦坡港口城项目，使国家陷入中国的"债务陷阱"，首次提出"中国债务陷阱"的说法，但当时并未引起太大关注。随着中巴经济走廊的建设以及中国企业接手斯里兰卡汉班托塔港的运营管理，印度对中国"一带一路"建设的担忧与日俱增，相关论调被大肆炒作。2017年，印度地缘政治学者布拉马·切拉尼（Brahma Chellaney）提出"债务陷阱外交"这一术语时用来特指中国向南亚和东南亚国家提供贷款的行为。"债务陷阱外交"意为在双边关系中以债务为基础进行的外交。它涉及债权国故意向债务国提供过多的信贷，债权国意图在债务国无法履行其债务义务时从债务国取得经济或政治上的让步。贷款的条件通常不对外公布，贷款通常用于支付债权国国家的承包商。切拉尼认为，"通过其1万亿美元的'一带一路'倡议，中国正在支持具有战略地位的发展中国家的基础设施项目，通常是通过向这些国家的政府提供巨额贷款。因此，这些国家正陷入债务陷阱，容易受到中国的影响"。2017年12月20日，切拉尼再次在《世界报业辛迪加》发表《中国的债权帝国主义》，后又在"切拉尼网"全文登出，外界关于"债务陷阱论"的讨论由此展开。

该论调的兴起恰好为2017年初上台执政的特朗普政府提供了对付中国的"素材"，并引起美国媒体、智库、国会对中国行为的关注，美国开始逐渐成为"债务陷阱外交"言论的炒作主体。2017年10月，时任国务卿蒂勒森在一次演讲中指责中国贷款让某些国家负债累累。2018年3月，美国智库全球发展中心发布研究报告指出，在参与"一带一路"的68个国家中，有23个处于债务危险之中，其中吉布提、吉尔吉斯斯坦、老挝、马尔代夫、蒙古、黑山、巴基斯坦和塔吉克斯坦等8个国家债务危机的风险显著增加。2018年5月，哈佛大学肯尼迪学院科学与国际事务研究中心发布《债务外交：中国新经济影响力的战略杠杆效应及其对美国外交政策的影响》，被美国华盛顿智库全球发展中心采纳并发布。该报告认为中国利用"债务外交"要实现以下三个主要战略目标：一是串联"珍珠链"以解决"马六甲困局"，并在重要的南亚贸易路线上投射力量；二是破坏和瓦解美国领导的与中国南海主张相竞争的区域联盟；三是实现中国海军突破"第二岛链"进入印度洋等目的。6月，《纽约时报》发表了一篇题为《中国是如何蚕食斯里兰卡港口的？》报道，指责中国企业"罔顾可行性研究报告关于该港口无法运转的结论，仍坚持上马修了一个没用的港口"，最终让斯里兰卡港、财两空。同月，白宫贸易和制造业政策办公室发布了一份报告，声称中国使用的"债务陷阱"的经济发展模式和金融向发展中国家提供了大量的资金，以换取自然资源和市场。8月，16名国会参议员联名致信时任美国国务卿蓬佩奥和财政部部长姆努钦，指责中国以巨额债务为筹码，向债务国谋取战略利益。10月，时任美国副总统彭斯在哈德逊研究所（Hudson Institute）就美国政府的中国政策发表了长篇演说，首次在官方讲话中以"中国债务陷阱"攻击中国"一带一路"对外投资项目。11月，彭斯在APEC工商领导人峰会上在此发表演讲称，"我们不会把伙伴国淹没在债务的海洋里，我们不会强迫或损害你们的独立。美国做事情公开、公平，我们不提供束缚带或不归路"。特朗普政府发布的《2018美国国防战略报告》和《印太战略报告》将"中国债务陷阱外交"明确定义为"掠夺性经济"，众议院举行了数次关于中国海外投资与贸易的听证会，关注所谓的中国"掠夺性贸易"和"债务陷阱"问题。印度总

第六章
如何破解共建"一带一路"所遭遇的污名化

理莫迪在2018年香格里拉对话会上指出,所有的互联互通都必须建立在信任和尊重主权的基础之上,而不能将国家置于无法承受的债务负担之下,含沙射影地指责中国给某些国家制造了"债务陷阱"。在美国、印度等国的炒作下,其他西方国家也纷纷关注所谓的"债务陷阱"问题,澳大利亚、欧盟、日本等也纷纷对债务问题表态与发声。"债务陷阱论"的政治化传播进程如表下。

表6-1 "债务陷阱论"的政治化传播进程

时间	人物/机构	主要内容	意义
2016年5月	美国《外交事务》(Foreign Affairs)	发表题为《中国在斯里兰卡投资:为什么与北京的交往要付出代价》的文章,认为斯里兰卡政府重启的科伦坡港口城项目,使国家陷入中国的"债务陷阱"	首次提出"中国债务陷阱"言论
2017年1月	布拉马·切拉尼 (Brahma Chellaney)	提出"债务陷阱外交"术语,涉及债权国故意向债务国提供过多的信贷,债权国意图在债务国无法履行其债务义务时从债务国取得经济或政治上的让步	用来特指中国向南亚和东南亚国家提供贷款的行为
2017年10月	时任美国国务卿蒂勒森	指责中国贷款让某些国家负债累累	美国首次提及中国对外债务问题
2017年12月	布拉马·切拉尼 (Brahma Chellaney)	在《世界报业辛迪加》发表《中国的债权帝国主义》,提出中国正在通过提供巨额贷款使"一带一路"国家落入陷阱,更容易受到中国的影响	外界关于"债务陷阱论"的讨论由此展开
2018年3月	美国智库全球发展中心	发布研究报告指出,在参与"一带一路"的68个国家中,有23个处于债务危险之中	美国开始逐渐成为"债务陷阱外交"言论的炒作主体
2018年5月	哈佛大学肯尼迪学院科学与国际事务研究中心	发布《债务外交:中国新经济影响力的战略杠杆效应及其对美国外交政策的影响》,提出中国利用"债务外交"要实现的三个战略目标	
2018年6月	美国《纽约时报》	发表了一篇题为《中国是如何蚕食斯里兰卡港口的?》报道,指责中国故意上马汉班托塔港项目,让斯里兰卡港、财两空	

续表

时间	人物/机构	主要内容	意义
2018年6月	贸易和制造业政策白宫办公室	声称中国使用"债务陷阱"向发展中国家提供了大量的资金,以换取自然资源和市场	
2018年6月	印度总理莫迪	在2018年香格里拉对话会上指出,互联互通不能将国家置于无法承受的债务负担之下	印度官方正式参与到对中国的"债务陷阱"指责中
2018年8月	美国国会参议员	16名国会参议员联名致信时任国务卿蓬佩奥和财政部部长姆努钦,指责中国以巨额债务为筹码,向债务国谋取战略利益	
2018年10月	时任美国副总统彭斯	在哈德逊研究所就美国政府的中国政策发表长篇演说,攻击中国"一带一路"项目	美国首次在官方讲话中以"中国债务陷阱"攻击中国对外投资项目
2018年11月	时任美国副总统彭斯	在APEC工商领导人峰会发表演讲称"不会将伙伴国淹没在债务的海洋里"	
2019年3—6月	特朗普政府	特朗普政府发布《2018美国国防战略报告》和《印太战略报告》将"中国债务陷阱外交"明确定义为"掠夺性经济"	

注：根据公开信息整理。

在西方的"关注"下，该论调逐渐向债务国蔓延。在对2015—2019年斯里兰卡主流英文媒体（《每日新闻》《每日镜报》《今日锡兰》以及斯里兰卡新闻网）关于国家债务问题报道倾向进行统计分析后发现，大约有60%的报道认为本国债务危机与中国贷款有关。此类报道认为，中国提供的贷款加剧了斯里兰卡的债务负担，把汉港交给中国是斯里兰卡陷入"债务陷阱"的重要标志，"中国利用债务迫使斯里兰卡交出汉港，这是利用'一带一路'实行债务驱动型融资模式的生动案例"。与之相比，巴基斯坦的媒体报道倾向稍好一些，但也有不少报道认为应该对中国贷款保持警惕。巴基斯坦《黎明报》曾以"汉班

第六章
如何破解共建"一带一路"所遭遇的污名化

托塔的教训"为题发表文章指出，"我们确实有理由担心在所有CPEC项目中究竟签署了什么"。巴布亚新几内亚有媒体报道指出，通过"债务陷阱外交"，中国正在迫使像巴布亚新几内亚这样的小国遵守其指令。在东南亚，有媒体在报道菲律宾接受数十亿美元贷款后发出警告："跟老挝和柬埔寨一样，菲律宾也将屈服于北京，无法实施独立的外交政策"，论调与西方如出一辙。

对"债务陷阱"一词的刻意误用也导致了"99年租期"风险的产生。自哈佛大学《债务外交：中国新经济影响力的战略杠杆效应及其对美国外交政策的影响》报告发布后，"99年租期"就成为中国"债务陷阱外交"的重要组成部分，域外媒体开始将"99年租期"与"中国债务陷阱"并用串联，将其作为中国实行"债务陷阱外交"的证据之一。《华盛顿邮报》前驻北京分社社长约翰·庞弗雷特（John Pomfret）在其《债务陷阱：中国帝国主义野心的标志》一文中提出"中国债务陷阱"已经"扩张"至马来西亚、黑山、巴基斯坦和老挝等国，"在批准了一系列雄心勃勃的项目后，斯里兰卡对中国负债累累，以至于去年被迫将汉班托塔的一个港口租给一家中国公司，租期为99年"。美国《华盛顿邮报》的安娜·法菲尔德（Anna Fifield）声称"批评者指出伴随大批基础设施项目的投入，中国正在诱使有需求的国家陷入其'债务陷阱'。以斯里兰卡为例，这个国家去年由于无力吸引足够的资金来偿还其贷款，它别无选择，只能将一座'一带一路'倡议合作中的港口的99年租用权给予中国"。"99年租期"概念早期只是一个在国内法律许可范畴内规定租赁时长的经济学概念，既没有超越这一时间即形成永久占有的规范或历史案例，也并不具有任何感情性。但是到了殖民主义时代，这一概念却附加上巨大的民族屈辱色彩。因此，相较于"债务陷阱外交"，"99年租期"概念对发展中国家起到了更加负面的影响。

对债务陷阱的总体研判和案例分析

国内外学者对于"债务陷阱"的相关研究日益丰富,对这一现象的判断也有所不同。研究者通过梳理相关观点并结合典型案例,对"债务陷阱"的相关研究获得了全面的了解。同时,对中国受到相关指责的原因也进行了综合分析。总体来看,在"一带一路"合作中,中国融资的需求导向和对债务国的"放任"在一定程度上导致了双方依赖的脆弱性程度进一步加深,不仅会造成"债务陷阱"指责的进一步扩大,也会使得中国的对外投资安全受到进一步挑战。

总体判断

"债务陷阱"概念被广泛应用于"一带一路"倡议后,国内外学者从不同角度对这一具体情况进行了研究与考量,并提出了相关见解。具体来说,主要分为以下几类观点。

一是对中国"一带一路""债务陷阱"概念进行深入考量,从事实角度论证对中国推行债务陷阱外交的指责不实。英国智库发布报告论证称,"一带一路"以经济发展为主要目的,其融资体系的分散性决定了各项目间很难共同追求具体的战略目标,同时,融资方式及项目投资也由需求方驱动,并不存在中国故意推行债务陷阱的事实。Acker等通过研究16个债务重组案例表示,中国企业仅在20世纪90年代参与了部分非洲项目的债转股,此后未采用过此方式进行过债务处理,更没有出现过资产扣押。世界银行的研究也表明,"一带一路"的债务风险是可控的,通过资金流向分析,如果债务危机爆发也将主要发生在

第六章
如何破解共建"一带一路"所遭遇的污名化

中等收入国家而不是最低收入国家。同时，中国对于债务的处理也体现出了较巴黎俱乐部成员更大的灵活性与耐心，推行"债务陷阱"的主观条件也并不存在。

二是通过考量部分出现债务问题的国家后发现，大多数国家在参与"一带一路"前就已经存在较高的债务脆弱性，与中国不存在必然联系。Bandiera提出，即便"一带一路"投资对债务接受国的经济增长起到较大推动作用，大多数国家的债务脆弱性仍将保持在较高水平。部分中国学者也提出，需要对"一带一路"的债务存量和流量进行区分，一些国家的债务问题由历史债务累积形成，与中国没有必然联系，中国与欧盟等发达国家的公共债务主要流向消费和转移支付领域不同，中国的接待资金大部分流入生产性领域，且多为长期贷款，在相当程度上形成了对FDI的替代。

三是不应高估中国对部分债务国的影响。这种观点认为中国在部分债务国中占据重要地位，但其对债务结构和格局的作用不应该被夸大。中国的银行目前在非洲债务格局中占据重要地位，但它们的作用不应被高估。Brautigam等通过分析中国与21个非洲国家的合作后发现，在一半以上面临债务危机风险或已经陷入债务危机的低收入国家中，中国的贷款规模相对较小，债务存量不到15%。也就是说，它们的债务问题主要是由中国以外的借贷者造成的。李艳芳通过研究斯里兰卡的案例也提出，中国对斯里兰卡贷款比重虽然从2008年的2%上升至2017年的9%，但在双边贷款份额中也低于日本和印度。郭建峰等进而提出，沿线国家的历史负债会抑制中国对外投资并存在"滞后效应"。

四是认为中国的合作方式更加受到发展中国家的青睐，并对其经济增长起到积极作用。"一带一路"倡议中的五通理念及对基础设施的重视受到了很多发展中国家的支持。部分中国学者也提出，"一带一路"倡议通过拉动经济建设，可以在一定程度上降低沿线国家的负债水平，增强财政的可持续性，形成螺旋上升的良性循环，经过一定时间的发展，直接投资与项目建设对于经济发展的提升作用正在逐步显现。对交通行业的推动，也在一定程度上放大了政策的发展效应，并通过一系列稳健性检验对这一结论进行了证实。

当前关于"债务陷阱"指责的最大问题在于将"一带一路"参与国的短期偿债困难等同于"债务陷阱"，但实际上这只是参与国某种程度上的债务危机，而非所谓的"债务陷阱"。学术界对"一带一路"及其融资的关注，需要超越"债务陷阱"这个模因，关注金融及法律因素在"一带一路"融资中的重要作用。

典型案例

自中国的"债务陷阱"外交言论广泛传播以来，国内外的学者也结合相应案例进行了详细的分析与论证，对中国对外投资中的具体情况和进程进行了深入的了解。笔者根据现有研究分布筛选出了当前进行"一带一路""债务陷阱"研究的典型案例，并对其基本情况进行梳理与分析。

斯里兰卡

自"债务陷阱"言论兴起以来，斯里兰卡就是最早被提出的"受害者"，汉班托塔港项目更是成为论证"债务陷阱"存在的典型项目。从斯里兰卡的总体债务数据来看，其外债总额从2009年的209.13亿美元增长到了2018年的523.10亿美元，年增长率高达12%，远高于其GDP增长率，债务与GDP比重一直保持在较高水平。自2009年以来，斯里兰卡的偿债率呈现波动趋势。2015年偿债率到达最高值，2016年下降到11.6%，2018年，这一数值回升到14.5%。从债务成

第六章
如何破解共建"一带一路"所遭遇的污名化

本来看,2003年,斯里兰卡的市场债券比重仅为2%,而这一数值到2017年上升到了39%,债务成本明显增加。2018年,随着卢比的大幅贬值,斯里兰卡偿债总额大幅增长30.3%,占财政收入的比重由2017年的87.5%提高到108.8%,偿债压力持续上升。2018—2024年,斯里兰卡需偿还债务高达220亿美元,根据斯里兰卡财政部的数据显示,在未来5年内,有23%的斯里兰卡外债即将到期,超过55%的外债将在未来5~10年到期,短期偿债压力急剧增加,这也成为其在未来遇到的较大挑战。

斯里兰卡出现债务危机的导火索是美国从2013年开始逐步退出量化宽松政策,此举大幅提高了斯里兰卡的借贷成本。从2011年至2016年,斯里兰卡的短期借款利率翻了一番,达到10%左右,而长期借款利率从7%~8%升至11%~13%;与此同时,卢比兑美元汇率下跌36%,进一步增加了还款成本。斯里兰卡国内未能成功避免本国货币贬值,2016年其外汇储备仅为60亿美元,58%的政府债务以美元计价。在外债总额方面,斯里兰卡外部贷款中有54%来自国际资本市场,来自中国贷款的整体比重并不高。据斯里兰卡央行的数据显示,来自中国的贷款在斯里兰卡主权债务总额中的份额有所下降,2018年仅为2.5%,在双边贷款中,远低于日本,也低于印度。因此,斯里兰卡的债务陷阱主要是由国内政策决定,并由西方贷款和货币政策促成,而不是由中国政府的政策促成。

对于被指责为"债务陷阱"案例的汉班托塔港,部分国际舆论指责中国因为看到了汉班托塔港的战略价值,通过推动港口建设,使得斯里兰卡债务飙升,"中国政府有可能凭借减免债务换取汉班托塔港之类的军用资产",斯里兰卡最终将失去对港口的控制权与主权。事实上,汉班托塔港项目由斯里兰卡牵头兴建,在经过两次可行性评估后,斯里兰卡先后向印度及多边开发银行提出融资需求均遭拒绝，转而寻求与中国合作。经过多次谈判协商后，中国进出口银行同意向汉班托塔港第一阶段建设提供85%的费用。这笔3.06亿美元的商业贷款期限为15年，利率6.3%，宽限期为四年。关于贷款利率，当时斯里兰卡有两种选择：6.3%的固定利率或与伦敦银行同业拆借利率挂钩的浮动利率，当时后者高5%并有进一步上升的趋势。而后中国进出口银行又向第二阶段建设工程提供了9亿美元的贷款，并提供了利率为2%的优惠贷款利率。港口建成后，由于斯里兰卡对港口管理不善，港口盈利不足以支付贷款偿还，截至2016年底，亏损额总计达3.04亿美元，斯里兰卡向中方提出以"债转股"的方式将汉班托塔港交给中方的请求。经过考量及协商，2016年12月，斯里兰卡政府与中国招商局集团签订框架协议，以双方合资的方式协助斯里兰卡解决债务问题，汉港由中国招商局集团负责运营管理。2017年7月，斯里兰卡政府及港务局，与中国招商局港口控股有限公司就发展、管理及经营汉班托塔港为期99年的特许经营协议达成一致。招商局港口同意向汉班托塔港港口及海运相关业务投资最多11.2亿美元。需要说明的是，中国和斯里兰卡最终签署的PPP协议是以招商局在斯里兰卡汉班托塔港新增一笔价值11.2亿美元投资的形式，将斯里兰卡港务局修建汉班托塔港的贷款转移给斯里兰卡财政部，而并未采用斯方最初提出的债转股协议。

塔吉克斯坦

塔吉克斯坦是第一个与中国签订"一带一路"合作备忘录的国家，是中国最重要的全面战略合作伙伴。塔吉克斯坦国所有国家级大项目建设主要依靠外国或国际组织的贷款或赠款。为支持塔吉克斯坦发展，中国企业提供了大量直接投资和贷款。而随着塔吉克斯坦国内金融问题发酵，部分银行陷入困境，政府外债也接近国际公认风险线，其债务可持续性日益接近能力上限。截至2019年1月

第六章
如何破解共建"一带一路"所遭遇的污名化

1日，塔吉克斯坦国债约为36.73亿美元，其中，内债7.49亿美元，外债29.24亿美元，国债余额占GDP比重为48.8%，内债占GDP比重为9.9%，外债为39%。

塔吉克斯坦的债务问题主要由其国内财政及经济的现实状况所导致。在财政方面，塔吉克斯坦税收负担较重、投资力度逐年减弱、外贸始终保持逆差，导致其以美元等计价的外债偿还压力大，利润被货币贬值抵消。从货币金融政策上看，持续的逆差和本币贬值使得进口商品价格提高带动国内物价上涨，经济和民众生活对海外劳动力移民的汇款的依赖程度始终很高，经济和金融部门的美元比重较高，坏账等系统性风险大量存在，金融市场不发达，商业银行等金融机构经营困难成为当前塔吉克斯坦金融调控的主要难点。而从塔吉克斯坦的债务构成来看，内债相比过去大幅增加，主要原因是财政部发行国债填补预算赤字、债务重组、救助问题银行、发展能源、棉花、交通等经济产业以及弥补在国际金融机构的注册资本差额等导致。外债则主要用于民生、基础设施和产业发展，虽然存在投资周期长、收益慢等缺点，但经营得当可有长期收益。其外债风险主要在于双边外债的增加、本币贬值、GDP增速和外贸出口规模的总体放缓。因此，从塔吉克斯坦的预算收支、货币规模、金融稳定性、国际收支、国债规模、结构和用途看，尽管塔吉克斯坦债务风险有升高趋势，但目前仍有可持续性，在国内外环境未发生重大变化的情况下，一般不会发生债务危机。

多年来，中塔已在货币互换、金融监管、跨境人民币结算、投融资等金融领域建立了多层次的合作架构。在自身缺乏资金的情况下，塔吉克斯坦利用从中国的借款建设农业、电力、交通等，落实其2030年前国家发展战略规划。该借款系塔吉克斯坦主动向中国要求，并且也被塔吉克斯坦认为"中方贷款条件并不是最优"，不存在中国为追求地缘政治利益，引诱塔吉克斯坦进入"债务陷阱"的情况。同时，为加强还款保障，中塔金融机构有时会采用"贷款换项目"方式，建立金融机构（贷款人）、塔吉克斯坦政府（借款人）、企业（实际还款人）等三方协作机制，以助推《中塔合作规划纲要》的落实。

吉尔吉斯斯坦

作为长期奉行依靠国际援助和国际借贷发展经济的吉尔吉斯斯坦，在其经济衰退、外汇收入减少的情况下，并没有减少对外举借债务的规模，反而不断在扩大外债举借规模，负债率、债务率居高不下，使得其外债负担加重问题日益突出。吉尔吉斯斯坦1997—2015年的债务率都超过了100%的国际警戒线。1997年为190%、1998年为200%、1999年和2003年都高达290%，虽然2013年和2014年的债务率有所降低（分别为156.39%、179.47%），但2015年的债务率再次突破200%，达214.79%，远超国际警戒线，外债风险显著。

总体来看，吉尔吉斯斯坦的外债问题主要体现在两个方面。一是外债总额较高、负担沉重。吉尔吉斯斯坦独立以来，随着经济发展及对外开放程度的提高，其外债规模呈现快速发展的态势。独立初期的十年间，其外债余额仅为12.33亿美元；2002—2008年，年均增长5000万美元，外债规模在14～21亿美元；2009年以来，外债规模急速上升，年均增长数亿美元，由2009年末的22亿美元增加到2015年末的61.67亿美元。2020—2024年又是吉尔吉斯斯坦政府偿还外债本息的高峰期，偿债压力进一步加大。二是外债利用效率不高。吉尔吉斯斯坦经济发展缺乏内生动力，一直依靠借贷，特别是境外借贷来维持经济社会的发展，外债成为维持索姆币值稳定、进口国家急需商品、加强社会保障和卫生保健制度、弥补财政赤字和解决贫困的重要手段。外债的使用并没有大量投入到能够为吉尔吉斯斯坦创汇多的项目上。

另外，侨汇收入是吉尔吉斯斯坦重要的外汇收入来源和拉动国内需求的重要动力,这使得吉尔吉斯斯坦对俄罗斯的依赖得到了进一步强化,俄罗斯的经济发展状况直接影响着吉尔吉斯斯坦的经济发展。2014年俄罗斯遭受的严重经济危机直接造成了吉尔吉斯斯坦经济发展水平的下降,外汇收入减少,偿还外债本息的资金保障缺乏。而从吉尔吉斯斯坦政府本身来看,在其历次面对外债还本付息困难时,主要就是通过国际金融机构和巴黎俱乐部成员国的债务减免或债务重组方式摆脱外债危机,一旦国际社会拒绝债务减免和债务重组的要求,那么,吉尔吉斯斯坦政府必须动用其所拥有的有限国际储备进行还款,偿债能力十分有限。

中国虽然是吉尔吉斯斯坦的第一大债权国,但其外债问题主要由国内经济发展结构、增长方式及外债结构的不合理导致,并非受到中国的外部"推动"影响。中国对吉尔吉斯斯坦的借款将进一步加大对吉尔吉斯斯坦工业、农业和服务业等领域的投资,这不仅有助于改变吉尔吉斯斯坦单一的经济结构,大力发展工业生产,增强其自主发展的动力,而且有助于扭转吉尔吉斯斯坦难以偿还外债本息的巨大风险。

债务陷阱的深层次原因分析

尽管已经有大量研究及报告否认了中国"一带一路"建设中"债务陷阱"问题的存在,但相关言论仍然具有较大市场,究其原因,主要分为以下几个方面:一是中国在"一带一路"建设中的投资与融资模式存在问题;二是债务国自身经济发展及债务管理水平的不足,政治治理能力低下;三是中美战略竞争加剧背景下,"债务陷阱"叙事的社会化与政治化;四是债务国的"主动塑造"。

中国在"一带一路"建设中投资与融资模式存在的问题

基础设施合作是"一带一路"沿线投资的主要组成部分。"一带一路"沿线基础设施投资资金存在缺口是客观存在的,亚洲开发银行统计,亚洲的基础设施投资资金缺口每年在1.7万亿美元,减去政府及金融机构可提供的资金,亚洲基础设施投资资金缺口每年在1万亿美元。而非洲每年基础设施建设融资缺口也高达680亿~1080亿美元。因此,中国在"一带一路"的投融资模式有其客观需要。但这一模式所包含的问题也成了使得中国受到"债务陷阱"指责的主要原因之一。

首先,一方面,中国在"一带一路"建设中的投资以基础设施项目为主,不论是从客观融资还是主观评价上,都很难符合现有西方认可的发展投资要求。基础设施合作满足了很多发展中国家的需要,由于传统西方国家对硬基础设施建设的需求重视不足,很多发展中国家更乐于与中国合作,并获得贷款。但基础设施作为公共物品和准公共物品,具有投资规模大、初期经济效益较差、投资回报低和回收期限长的特点,仅靠项目本身现金流难以实现市场化运作,如果社会资本投资参与度不高,投融资落实难度则较大。投融资的不可持续和中断,不仅会影响项目进展和经济效益,甚至可能带来政治上的不利影响。加之目前仍缺乏低成本资金来源和有实力的投融资主体,项目所在国政府或业主具有较高的贷款利率敏感度,普遍倾向于脱离市场行情的低利率(优惠)需求。这些因素制约了重大项目实施落地,导致了一半以上的受援国在"一带一路"倡议实施后出现了债务脆弱性上升的问题,在客观上导致与中国的合作招致了大量质疑。

另一方面,当前对债务可持续性的衡量标准很大程度上忽略了公共资产的

第六章
如何破解共建"一带一路"所遭遇的污名化

投资和潜在价值。公共部门的净资产是债务可持续性的关键指标，尽管由大型基础设施组成的公共部门净资产可能存在流动性问题，但并不影响该国的偿付能力。同时，西方主流理论也不太重视规模经济，对大型工程的评价较低。西方社会已经度过了以铁路、电力发展等为核心的工业革命阶段，涉及基础设施的研究似乎不再是主流讨论的范畴，由此导致大部分媒体以及非政府组织对大项目持批评态度。同时，传统上，西方评估经济项目是否可行主要建立在收益和成本分析的基础上，而成本收益主要是经济要素，较少涉及两国政治关系等因素，西方多数分析人士认为用成本收益分析无法解释中国推动的基础设施建设，也无法理解中国推进项目合作的真正动因。这最直接地体现在对于中国海外贷款的抵押情况进行误读。因此，现有评价体系也很难对中国的投资项目给出公正的评价。

其次，中国的"一带一路"融资体系为需求推动，容易导致协调和治理不力。中国的融资体系由需求方推动，倾向于采取相关的商业融资，侧重于基础设施和工业化，并尊重东道国治理，这不同于部分发达国家倾向于制定主要反映援助国目标的国家援助战略。因此，即使中国提出了"五通"的总体规划，但也并没有单边推动具体项目的建设以推进所谓的地缘政治战略。而这在尊重了合作方的意愿与需求的同时，也带来了无法避免的治理缺陷。"一带一路"投资项目往往是由寻求海外业务的国有企业发起，它们游说外国政府为项目寻求资金，以期赢得相关合同。因此，项目以一种"自下而上"的方式出现。政府的总体指导虽然存在，但目标较为广泛，具体项目仍需具体情况和双边决定。这种松散的治理体系以及部分企业自身缺乏在全球市场上的经验，导致部分企业过于追求投资利益而导致在接受国投资规划不佳、发展融资治理不力，甚至出现贪污腐败的问题，一些项目因此出现产能过剩并影响盈利能力。

再次，融资的条款和规模缺乏透明度，贷款通常用于支付债权国国家的承包商，对承包商的监管机制不足等问题，也使得相关项目的运行受到极大质疑。一方面，债务透明度对于借款人和债权人作出知情的决策、确保有效利用可用资金和保障债务的可持续性至关重要。中国融资条款和规模的不透明也给各国和其他债权人带来了重大风险。类似情况也出现在中国对外的债务处理与重组上，中国更倾向于通过双边谈判来减免债务。从中国的角度来看，这可以给借贷者留面子，但缺乏透明度始终会引起相关不信任的质疑。另一方面，国企是"一带一路"项目参与的主体，虽然国企在工程质量、企业社会责任等方面标准较高，也有利于保证合作成效，但国企身份敏感，易被认为带有"某种战略意图"，使原本正常的投资行为有可能被视为扩大存在和影响力的手段，缺乏相应的监督机制也引发了不必要的争议。同时，中国的很多对外合作模式采取了工程总承包的EPC模式，也被质疑其主要目的是劳动力输出和机械设备出口。

债务国自身经济发展及债务管理水平的不足

发展中国家在规划发展战略时，其理念和能力较弱，因而难免在债务规模以及偿债能力判断上失误，从而导致大规模的债务危机。"一带一路"沿线国家以发展中国家为主，其自身经济发展水平和债务管理水平的不足在很大程度上影响了其债务可持续性。部分债权国"债务脆弱性"的提升是"一带一路"建设受到指责的主要"证据"，特别是在新冠疫情的冲击下，相关国家经济发展水平受到影响，偿债能力进一步下降，中国的相关合作安排受到进一步指责。

中国的双边信贷对于很多低收入发展中国家拥有重要意义，特别是通过

第六章
如何破解共建"一带一路"所遭遇的污名化

IMF和世界银行的重债穷国计划进行了债务注销的国家，由于其债务可持续性较差，国际金融机构对其进行了借款限制，使其更加注重从中国贷款机构获得借款，这也导致了中国部分合作伙伴在与中国合作前，就已呈现出较高的债务脆弱性。研究表明，一国巨额的、不断增长的财政赤字是导致外债风险的最重要因素。世界银行数据显示，"一带一路"沿线高外债风险国家的财政赤字水平均很高，如哈萨克斯坦、老挝、斯里兰卡2017年的财政赤字占GDP的比重分别为6.41%、5.72%和5.52%；而蒙古的财政赤字占GDP的比重在2016年曾高达16.98%。一国政府如果在国内资金不足的情况下加快社会经济发展进程必将导致该国大规模的外债，而借债由于其便利性将成为提高税收的替代方式，这又进一步促进了外债的增加。如果该国没有足够的产出和出口收入增长来偿还其债务，最终将导致债务危机。"一带一路"沿线很多国家的经济发展都处于较低水平，被舆论指责为中国债务陷阱首要"受害者"的斯里兰卡，在经历了2009年内战结束后短暂的经济飞速发展后，经济发展也一直处于较低水平。2017年和2018年该国GDP增长率分别为3.3%和3.2%，远低于南亚区域7.0%和亚洲新兴经济体6.4%的平均水平。

此外，不合理的外债结构及债务管理问题是外债风险增大的重要诱因。世界银行数据显示，哈萨克斯坦、蒙古、老挝和乌克兰的外债结构中来自商业银行的私人债权人债务占比较高，2017年这一占比分别为76.89%、58.68%、35.16%和34.15%。私人债权人贷款主要来自商业银行和企业，一般具有期限短、利率高的特点，一旦宏观经济运行中出现本币贬值等不稳定因素，就可能发生银行到期不愿提供新贷款的情况。因此，私人外债占总外债的比重越高，一国外债的可持续性就越低。在债务管理上，外债的常年积累、内债外债不平衡及外债管理问题的突出都会加剧债权国的"债务脆弱性"。部分沿线国家的债务负担源于长年的积累，在参与"一带一路"倡议前就已经形成了负债率和偿债率的双重高位。而在总收入有限的情况下，内债水平过高也会削弱政府的支付能力，影响外债的偿还能力。在外债管理上，从前文的典型案例中也可以看出，很多国家由于面临着内战后的恢复与重建，其外债主要流向基础设施领域，短期内无法实现经济回报，也对其还本付息造成了巨大压力。另外，非项目贷款的增加和外债来源安排的不合理也在一定程度上提升了相关国家的偿债压力。

"债务陷阱"叙事的社会化与政治化

部分国家为实现其政治目的，对相关言论的刻意炒作也是中国"债务陷阱"指责甚嚣尘上的主要原因之一。从相关言论的发展及传播路径看，虽然受到债务影响的主体为发展中国家，但言论炒作缘起于印度，从地区层面开始扩散，经过美国的参与和放大，逐渐扩散到全球层面，而随着更多西方国家的加入，相关情绪"回流"到债务主体国家，并形成对中国的巨大负面情绪。因此，政治目的在这一言论的传播与应用上起到关键影响作用。

从印度方面来看，限制和制约中国在南亚的政治影响是其主要政治动因。从客观来看，在南亚，印度也在推进互联互通合作，其参加的美日澳印四边合作也确定将互联互通作为首要议题。中国"一带一路"倡议在该地区的推进形成了与印度的竞争，中国投资企业也对印度企业在该地区的影响力造成了挑战，引发印度的不满与担忧。从主观来看，作为南亚的主导大国，印度追求对区域互联互通进程的主导，虽然中国的"一带一路"倡议也致力于推动互联互通，但对印度在本地区权威的潜在挑战使得其拒绝与中国实现对接。同时，中国与包括斯里兰卡、马尔代夫等南亚小国的合作，为其提供了对冲印度在该地

第六章
如何破解共建"一带一路"所遭遇的污名化

区影响力的可能性，印度在该区域内的相对权力受到挑战。按照现实主义权力政治的逻辑，"债务陷阱论"已经成为印度在南亚与中国争夺权力的新策略，印度成为炒作"债务陷阱论"的"旗手"。

从美国方面来看，其对"中国债务陷阱"外交的炒作既有来自其国家利益的考虑，也有出于地缘政治目的的考虑。在宽松的货币环境下，低利率降低了债务的偿债备付率（DSCR），使政府更容易展期债务，掩盖了偿债压力，从而促进了政府增加债务。然而，一旦货币宽松的预期逆转，利率上升，隐藏的债务问题将很快暴露出来。随着近年来以美联储为首的发达经济体央行收紧流动性，利率上升，美元升值，大宗商品价格普遍下跌，进口价格上涨。在制成品方面，发展中国家的贸易条件恶化了。与此同时，由于发展中国家的债务主要以美元计价，在强劲的美元周期下，发展中国家偿还债务的压力急剧增大。面对资本外流和输入性通货膨胀，发展中国家不得不提高利率，从而导致国内融资成本上升，经济基本面恶化，偿付能力下降。这样，就形成了一个恶性循环。西方发达经济体的货币宽松政策鼓励发展中国家扩大外债规模。随后，货币紧缩政策加剧了后者的债务危机。这一周期在历史上多次出现。许多发展中国家债务危机的内因是国内经济的敏感性和脆弱性，外部核心因素不是中国制造的"债务陷阱"，而是以美元流动性为主要表现的美国金融霸权。2017年10月，美联储开始缩减资产负债表。2017年底，央行上调基准利率，导致以新兴市场为代表的发展中国家债务风险大幅飙升。2017年特朗普政府上台后，刚刚兴起的"债务陷阱论"成为其指责中国的素材。这两个因素之间存在着密切联系。

中美贸易战的开打是"债务陷阱"威胁炒作的加速器。2018年，中美贸易摩擦升级为贸易战，美国出台《国家安全战略报告》正式将中国视为战略性竞争对手后，限制中国的全球影响力，同时巩固并扩大美国的影响范围成为其主要政策方向。也是在这一时期，"债务陷阱外交"的应用范围从针对局部区域的中国项目被西方媒体刻意拓展至参与中国"一带一路"沿线项目的诸多国家。以美国为首的部分国家也开始将这一话题从单一负面舆论宣传拓展成为学术批评、政治批判和经济打击的体系化层面。2019年5月，国会议员布拉德·谢尔曼宣布正在推动《中国债务陷阱法案》，并公开敦促有关国家不要"忽略"中国贷款所提供的政治影响。这些言论和行动证实，"中国债务陷阱外交"一词被美国积极政治化。

债务国的"主动塑造"

"债务陷阱论"在具体的对外合作中并没有得到有力证据的证实，我国多次在各种场合进行了驳斥，也有许多国内外学者通过各类研究对相关言论进行了反驳，但这一炒作非但没有停止，还随着新冠疫情的爆发出现了愈演愈烈的趋势。如下图所示，考虑到"债务陷阱"言论的政治化与社会化演变，研究以"债务陷阱外交"作为关键词进行了相关检索，新闻数量从2017年到2020年出现了大幅上涨，东道国对债务的"主动"塑造是其重要原因。

从有关债务问题的叙事来看，随着相关"债务陷阱论"向债务国的回流，部分债务国也开始了"主动塑造"。一方面，"债务陷阱论"在选举政治的运作下，成为部分东道国反对派追求政治权力的工具。反对派把中资项目与当权者的贪腐联系在一起，不断炒作，客观上助推了该论调在债务国的传播。在选举过程中，反对派利用贷款问题向政治对手发难，煽动当地民众的不满情绪，以捞取自己的政治利益。反对派上台后，为了发展经济，改善民生，仍需要中国的投资与贷款，但为了标榜自己与前任政府不同，便对与中国的合作项目进

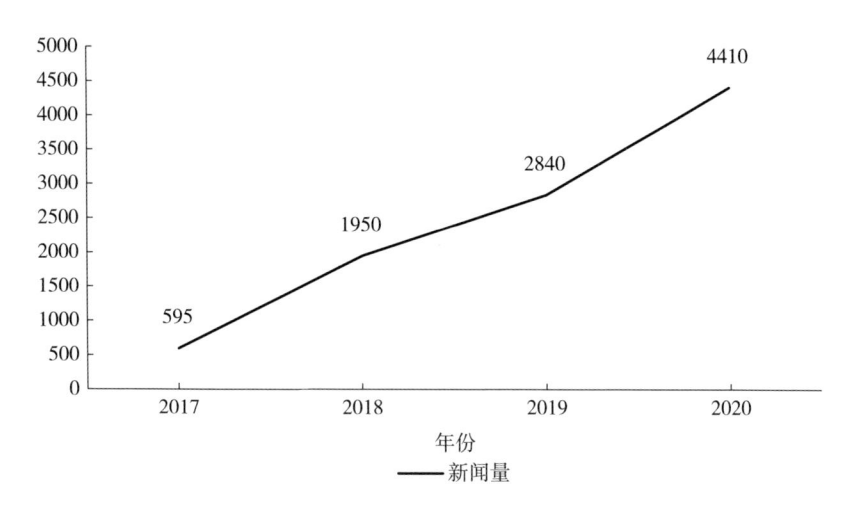

第六章
如何破解共建"一带一路"所遭遇的污名化

图6-1 2017—2020年"债务陷阱外交"相关新闻量（单位：条）

注：根据谷歌搜索数据由笔者整理。

行重新审查。2018年，马尔代夫反对派对印度炒作的"债务陷阱论"给予回应后，印度对马尔代夫国内政治施加支持反对派的干涉，最终反对派成功当选，印度政府兑现承诺，帮助马尔代夫"摆脱"所谓的"债务陷阱"。在此过程之中，"债务陷阱论"不是目标，而是两者追求权力的策略。马尔代夫反对派寻求的是国内政治权力，印度追求的是地区支配权力，或者说是北印度洋地区的安全权力。另一方面，通过默许或主动放大"债务陷阱论"的影响，沿线小国部分实现了其平衡地缘政治利益的目标，利用其地缘政治重要性或自然资源来获得巨大的议价能力。在"债务陷阱论"中，作为小国的斯里兰卡成为世界关注的焦点，也正是在这一背景下，斯里兰卡获得了印度的格外关注，实现了与印度在经济和政治关系上的进一步拉近。涵盖缅甸、孟加拉国、泰国的环孟加拉湾多领域经济技术合作倡议（BIMSTEC）的部分成员国，因为深度参与中国"一带一路"合作项目而被指责为受到中国"债务陷阱"的极大影响，客观提升了印度对该区域的重视程度。2019年印度总理莫迪的就职典礼，一改原有的邀请南盟领导人参加的惯例，而邀请了BIMSTEC参与国领导人赴现场观礼。同时，由于受到新冠疫情的影响，相关债务国的偿债能力有所下降，而议价能力的提升也有助于相关债务国在债务问题的解决上获得优势或减免。

因此，债务国对债务陷阱问题的主动塑造在很大程度上对相关言论的进一步炒作与传播提供了基础。同时，由于债务国的"当事人"身份，使得相关指责看上去更加"有理有据"，极大提升了我国对外投资项目的风险。

应对"中国债务陷阱论"的思考及建议

对我国政府的政策建议

一是对西方炒作的"债务陷阱"论调进行有力回击。中国相关国家机构应研究如何通过合适有效的方法对西方的"债务陷阱"的指责进行有力回击，赢得国际社会的认可，增强中国企业"走出去"的软实力。

二是对外投融资政策从"数量扩张"向"质量提升"转变。在全球债务风险上升和新的国际政治经济环境下，政府需要重新审视对外投融资政策，将核心理念从以争取市场份额为目的的"数量扩张"向注重可持续性的"质量提升"转变。"走出去"战略和"一带一路"的前期投资促进政策取得了阶段性的成效，当前需要对这些成效重新审视并进一步巩固。一味追求规模和速度将增大对外投融资风险。

三是坚持企业为主体，发挥市场机制作用。"一带一路"的主体是企业而不是政府。政府的作用更多在于营造开放合作的大环境，并在政策和机制方面做好指导和支持。政府的指导应明确管理标准，更有针对性，做好国家战略项目和一般商业项目的区分，分类梳理项目清单，将主要的行政资源集中服务于

第六章
如何破解共建"一带一路"所遭遇的污名化

国家战略项目，同时使企业在一般商业项目方面拥有完全的自主决定权。

四是加强国际债权的事前审核、事中监管和事后评价。对在推进"一带一路"过程中已形成的主权债权，政府需要加强对债务资金的使用过程和透明度的监管，确保债务资金的使用合规。对于受理的债务申请，应加强事前审核和事中监管。对于已回收和已形成的债权，从债务可持续性、社会经济综合发展、外交影响等方面进行事后评价，作为改进发展援助和融资政策的依据。

五是提高国际债务重组透明度。政府应大力推进官方发展援助、主权债权的形成和重组过程的透明度。公开具体操作原则和程序，公开双边或多边协议文本，公开相关融资额度、发放条件和过程，并可接受社会的监督和质询。透明度的提高可以反击西方对我国的"债务陷阱"指责，可以增强政策合法性，使国内民众理解和接受，同时还可以打破西方的债务数据垄断，改变债务问题研究依赖于国外数据的现状。

六是利用多边平台，遵循国际规则，借鉴国际经验。政府可以适当改变主要依赖双边协商进行主权融资的方式，通过加强多边合作，与世界银行、IMF等主流国际信贷提供和债务处理机构建立紧密的合作关系，改善中国对中低收入国家融资面临的国际环境，降低债务风险。将加入巴黎俱乐部等多边国际债务机制纳入政府对外议程。充分学习多边机构和发达国家在处理中低收入国家债务问题的经验，灵活利用多种债权转换方式，以提升债务的可持续性和对债务国社会经济发展和双边合作的积极作用。

对中国能源企业的政策建议

一是把握"一带一路"新部署，从"五精"入手，提高海外合作质量。立足"精选市场"：选择能源领域的节点国家进行深耕细作，力争在重点市场中取得领头羊地位。注重"精准设计"：在项目前期评价阶段构建正确的经济评价模型；在项目上马后按照既定的进度和批准的预算，高质量地将项目建成投产；在项目建设过程中提升设计筹划和商务运作能力。关注"精细条款"：清楚界定不可抗力的类别和事项，针对东道国实际情况力争将不可控事项纳入不可抗力，在仲裁条款方面力争实现在具有国际公信力的"第三国"仲裁。实施"精益管理"：特别要关注一些潜在的风险和"陷阱"，海外项目要深入当地部落、村落和社区了解情况，遵守当地风俗，合规守法经营。抓好"精品工程"：坚持"做一个项目、树一个精品"的理念，严格控制工程服务项目质量问题，聘请具有国际资质的监理公司，采用"EPC+PMT+PMC"项目管理方式，由独立第三方把控工程质量。

二是重视东道国债务风险，将债务风险纳入战略考量范围。加强对海外项目所在国的债务风险的关注与研究，特别关注一些长期处于重债状态的国家。将债务可持续性、"一带一路"可持续性和能源产业可持续性结合起来，综合考虑债务风险、地缘政治风险和能源转型影响，并将这些考虑纳入集团公司未来发展战略的重点关注范围。

三是对东道国债务风险进行分级管理，具体情况具体应对。对"一带一路"沿线油气东道国债务风险进行分级管理，具体问题具体分析，针对不同的债务程度制定对应措施。对于偿债风险较高且中国能源投资比重较大的国家（如安哥拉、蒙古、乌兹别克斯坦），审慎新增投资，重新审视已投入资产的安全；对于偿债风险较高且有较大油气开发潜力的国家（如莫桑比克、乍得、尼日尔），应控制投资；对于偿债风险相对不高且已存在较多中国能源投资的国家（如伊拉克、缅甸、孟加拉国），可以谨慎增加投资。

四是借鉴国际经验，利用双边和多边发展援助平台，降低债务风险。借鉴国际企业应对主权国家债务问题的经验,灵活通过使用多种资产组合、"债务换油气"等方式确保海外业务正常运营和降低海外资产风险。同时,借鉴国际PPP项目经验,研究海外项目与双边或多边发展援助结合的可能性,积极利用发展援助提升项目的可行性和可持续性,以此降低资金成本和投资风险。同时要确保发展援助项目启动与执行过程的合规和透明,接受各方面监督,化解有可能产生的社会风险。

五是加强国际合作,分散经营风险。在重债国家应更加强调与同行公司之间的业务合作,合力增加与当地政府的谈判能力,共同努力降低投资风险。加强与伙伴公司、本国和当地政府、当地有影响力组织或个人、国际组织之间的沟通,建立定期交流机制,确保信息沟通渠道通畅,以强化应对东道国各种不确定性的能力。

(本章主要执笔者:陆如泉 姚睿 许勤华 刘旭 袁淼)

附 录

"一带一路"能源合作十周年高端对话访谈

（2023年7月18日）

附 录
"一带一路"能源合作十周年高端对话访谈

陆如泉：中国石油集团经济技术研究院院长、博士、教授级高级经济师

宋周莺：中国科学院地理科学与资源研究所研究员、区域可持续发展模拟研究室主任

按语：共建"一带一路"实施十周年之际，笔者与宋周莺研究员就"一带一路"能源合作进行了一次长达两个半小时的对话。

宋周莺女士是中国科学院地理科学与资源研究所研究员、博士生导师、区域可持续发展模拟研究室主任，中国科学院大学教授，入选中国科学院首批特聘骨干岗位；兼任中国地理学会"一带一路"研究分会秘书长，"一带一路"协同创新中心秘书长，国际区域研究协会中国分会理事、秘书长。入选国家推进"一带一路"建设工作领导小组办公室的"一带一路"专家、国家发展改革委的国家"十四五"规划青年论坛专家，国际区域研究协会董事会成员。主要从事经济地理与区域发展相关研究，近年一直从事"一带一路"经贸合作相关研究。主持或参与国家自然科学基金、国家科技支撑、中科院先导专项及国家发展改革委、国土资源部、科技部等部委委托的科研项目40多项。

陆如泉： 宋老师好！

宋周莺： 陆院长好！

陆如泉： 欢迎您。我们今天的主题就是聊聊共建"一带一路"。我一直想找您做一个对话，因为当时是看了您和另外一位专家合作撰写的《"一带一路"建设案例研究——包容性全球化的视角》。那本书我是非常喜欢的，是截至目前我看到的关于"一带一路"案例最深入讲解的书籍，而且专业性、可读性、理论性都非常具备。你们是在一个什么样的背景下开始研究和出版这本书的？

宋周莺： 我先非常简单地介绍一下我们的研究团队。我们团队其实从2013年就开始做"一带一路"研究。当时是国家发展改革委区域开放司（原西部开发司）委托我们开展有关"丝绸之路经济带"和"21世纪海上丝绸之路"的研究。习近平总书记2013年9月和10月的哈萨克斯坦和印度尼西亚之行后，我们马上就启动去重庆、成都调研，接着就开始做有关"一带一路"系统研究，包括中蒙俄经济走廊规划、"21世纪海上丝绸之路"规划、"一带一路"的第三方评估等，一直到现在。

关于您说的这本书是我们中国科学院设立了一个先导专项叫"绿色丝绸之路"，这个先导专项资助我们。我们想，"一带一路"虽然说研究了很多国内地方省市的对接和定位问题，但是没有相关理论或者说案例研究，我们其实是想跟国外对话，因为如果没有理论、没有案例就没办法跟国外对话，所以我们想通过案例研究来讲好"一带一路"的故事，就是这么一个背景。

附 录
"一带一路"能源合作十周年高端对话访谈

陆如泉： 那本书通过十几个案例，把我们"一带一路"的故事讲得非常精彩。今天咱们的对话，您来自中科院，我来自中国石油，中科院在"一带一路"研究上代表国内最高水平，特别以您的团队为代表，已经非常深入；而中国石油作为长期从事能源资源开发合作的能源央企，石油、天然气又是"一带一路"合作的主力军。所以说我们是一个来自学界，一个来自业界，今天应当有很多的话题可以聊。

我们先从"一带一路"十周年开始。2023年是"一带一路"的十周年，2013年9月，习主席在哈萨克斯坦纳扎尔巴耶夫大学提出共建"丝绸之路经济带"的倡议，不到一个月，他又在印度尼西亚提出了共建"21世纪海上丝绸之路"的倡议，后来这两个倡议合称为"一带一路"，弹指一挥间，十年过去了。前一阵子我也在组织一篇文章，十年来可以说是从"大写意"到"工笔画"，从顶层设计到走深走实，从大项目到"小而美"，全力构建六廊六路多国多港，共建"一带一路"倡议在152个国家得到落地，并获得了32个国际组织的认同，签署了200余份"一带一路"合作文件。

还有一些关于"一带一路"的关键数据，比如过去十年共建"一带一路"拉动了近万亿的投资规模，而且形成了3000多份基于项目的合同，为沿线国家创造了42万个就业岗位，将来将会带动4000万人摆脱贫困。而且通过"一带一路"的发展，中国已经成为100多个国家最大的贸易合作伙伴。所以说我们今天不光聊"一带一路"，我们更要聊"一带一路"的能源合作，聊过去十年"一带一路"的能源合作。我们先围绕"一带一路"的最大的内涵，就是所谓的五通——政策沟通、设施联通、贸易畅通、资金融通、民心相通，结合能源合作聊一聊。我先问您一个问题，您觉得在"一带一路"能源合作政策沟通方面，过去的十年我们有哪些成就？

宋周莺： 我觉得首先最明显的就是初步构建了以"一带一路"高峰论坛为引领的合作框架。因为大家都知道我们国家高峰论坛已经举办了两届，也是"一带一路"框架下最高的国际对话机制，在2017年5月的时候其实我们的国家发展改革委和国家能源局共同发布了一个《推动丝绸之路经济带和21世纪海上丝绸之路能源合作愿景与行动》，这是一个比较官方的指导文件。这个文件发布是在第一届分会期间，也就是2017年的5月16号。其实在2019年4月的时候，"一带一路"能源合作伙伴关系成立仪式在北京举行，也是在第二届分会期间，相当于咱们能源或者油气合作是在"一带一路"高峰论坛的框架下一个特别重要的成绩，这是第一个。

第二个，我国在过去的十年积极推动与沿线国家一些双边战略的对接，然后不断扩大"一带一路"能源合作的领域和范围，包括我们跟巴基斯坦签订的中巴经济走廊的能源项目调整的协议。还有东南亚我们跟老挝、菲律宾、印度尼西亚、泰国、越南都纷纷签订了能源合作协议，我们也跟中亚的一些国家像哈萨克斯坦、土库曼斯坦签订了合作协议，您可能比我更了解土库曼斯坦天然气，这个特别大的合作协议，就是我们跟中东欧国家签订的16+1的能源合作协议。

第三个，我觉得是一些能源合作的规则标准，包括一些政策制度的对接，从而推进构建了"一带一路"能源合作的长效机制。包括从2013年以来，我们已经跟世界上90多个国家还有地区或者说国际组织建立了政府间的能源合作协议。其中对我们来说影响比较大的，比如说中国和阿拉伯地区国家的能源合作，其实在2014年6月习近平总书记在出席中阿合作论坛第六届部长级会议的时候就提出要中阿一起共建"一带一路"，其中他提到一个比较重要的点就是构建以能源合作为主轴，以基础设施建设、贸易和投资便利化为两翼，以核能、航天卫星、新能源三大高新领域为突破口的"1+2+3"的合作格局。这只是很小的一个例子，说明我国与"一带一路"沿线国家能源合作机制的建立。

第四个就是"一带一路"能源合作伙伴关系。刚刚提到的是2019年4月在北京的成立仪式，到目前为止能源合作伙伴关系已经有33个成员国了，相当于是共建"一带一路"框架下成员国数量最多、活动最丰富的一个平台。您看您还有什么补充。

陆如泉： 您说得很对。您从不同的角度几个方面把"一带一路"的政治沟通说得很透。还有一个是我们的"一带一路"和我们周边重点节点国家，他们也有类似的"一带一路"倡议和计划，相当于我们的倡议和他们的战略规划是一种无缝的对接。实际上也是政策沟通的一个很好的范畴，比如我们和俄罗斯的欧亚经济联盟，像现在我们在俄罗斯亚马尔做的亚马尔液化天然气项目、北极LNG-2项目实际上是习主席提出"一带一路"倡议以后中俄两国在经贸领域里面最大的能源合作项目了。这个实际上就是中国的"一带一路"倡议和俄罗斯欧亚经济联盟及"大欧亚伙伴关系计划"的无缝对接，包括中蒙俄经济走廊。蒙古有草原，"草原丝绸之路计划"和我们"一带一路"对接，是更加鲜活的一个对接。

另外您刚刚谈到标准的对接，我们在"一带一路"的重大的项目里面，比如可能中亚地区、俄罗斯地区，他们原来更多的是用苏联的标准。我们中国的标准更加接近国际标准，比如我们在中亚地区的一些管道项目把中国的能源工艺，特别是石油工艺标准的一些技术和他们当地的标准的对接，有时候他们是采用了我们中国石油工业的一些标准，这个也是一种"一带一路"的政策沟通。

再说设施联通，我正好有一点感受，"一带一路"设施联通我们叫基础设施互联互通，是"一带一路"建设的核心领域，我记得习主席在第二届"一带一路"国际合作高峰论坛主旨演讲提及"六廊六路多国多港"，"六路"和"多港"实际上就是指的基础设施的互联互通，包括铁路、公路、天然气管道等，天然气管道也是一种基础设施。还有互联网，互联网也算是基础设施，以及航空领域。

其实"一带一路"基础设施互联互通最典型的就是中欧班列。我们知道现在每年大概有2万列的中欧班列在开行，实际上从成都、重庆这样的一些地区首发，经过欧亚大陆，包括哈萨克斯坦、白俄罗斯等地区，能够到达中东欧地区。"一带一路"倡议实施以来，已经累计开行了6.5万列的中欧班列。中欧班列可以说是"一带一路"横跨欧亚大陆最叫得响的一个基础设施互联互通，也是我们"一带一路"倡议实施以来最值得去展示的这个事。而且"一带一路"的实施，基础设施互联互通，中欧班列的韧性也非常强。比如即便在俄乌冲突爆发及演进时期，去年2022年2月份危机爆发的时候也就是短暂地受到些影响，后面又迅速恢复了。

关于能源基础设施互联互通，我刚刚提到了其中六个通，有其一就是管路，就是天然气管道、石油管道，这方面我们做得也非常好。我所在的中国石油参与建设和运营的横跨我国西北边境的中国与中亚国家的中哈原油管道，中国与土库曼斯坦、乌兹别克斯坦和哈萨克斯坦相连的中国—中亚天然气管道，横跨我国东北的中国和俄罗斯的原油和天然气管道，以及西南方向的中缅油气管道，这些管道实际上一方面构建起我国引进境外石油天然气的基础设施管道，另一方面确确实实发挥着保障我国能源进口安全的作用，其实也是保障管道沿线资源国的油气出口安全。与我们而言是进口安全，他们是出口安全，这就是资源与市场匹配。

附 录
"一带一路"能源合作十周年高端对话访谈

以中国—中亚天然气管道为例,我记得中国—中亚天然气管道是2009年12月份开始正式投产运营,这条管道投产运营的时候,沿线四个国家包括中国、土库曼斯坦、乌兹别克斯坦、哈萨克斯坦的四国元首共同见证了这条管道的剪彩和典礼。这条管道的实际输量现在是每年大概400亿立方米和450亿立方米不等。我粗略统计了一下,截止到2023年6月份,中国—中亚天然气管道累计向中国输送天然气达到4500亿立方米,差不多相当于3.6亿吨的石油,这个量使得中国—中亚天然气管道成为我们国家引进境外天然气的最大的一个通道。因为天然气是相对清洁的一种能源品种,所以引进境外的天然气,对我国实现碧水蓝天和能源转型也发挥了巨大作用。所以这条管道被沿线国家的元首和我国领导人称为最大的"民生工程",这条管道是"一带一路"互联互通的典范。

其他典型案例,比如习主席2019年12月和俄罗斯总统普京共同见证投产的中俄东线天然气管道(在俄罗斯也被称作西伯利亚力量1号),这条管道主要是引进俄罗斯的境外的天然气,类似于中哈原油管道、中俄原油管道、中缅原油管道以及中缅天然气管道都具有这样的功能,一方面在保障资源国的出口安全同时也保障我们的进口安全,这一种是双赢甚至多赢模式。能够通过一条管道,就像一个长长的绿色清洁的带子把几个国家连接在一起,不光是有形的通道也是"心联通"的无形通道,是基础设施互联的最大典范。我不知道您对这方面有没有什么进一步的看法。

宋周莺:您刚刚讲得已经非常全面了,中欧班列确实是在"一带一路"前十年比较标志性的成果,中欧班列目前在国内已经畅通了70多个城市,包括到欧洲的路线也很多。刚刚您说的从阿拉山口、霍尔果斯、二连浩特、满洲里出去,从不同的方向到达欧洲,特别是在疫情期间在海运空运都受到一定阻碍的情况下，中欧班列对于保障全球的产业链供应链都起到了一定的稳定作用，我想大概就是对中欧班列的一点儿补充吧。

陆如泉：好的，那咱们继续聊聊贸易畅通。贸易畅通实际上和后面的资金融通、民心相通是连在一起的。全球是一个大贸易的概念，实际上我们之所以今天来聊能源，就是因为能源是全球大宗商品，包括石油、天然气，大宗商品的一个典型特点是它可以流动、可交易、可全球跨境贸易，这也是我们中国一直倡导的经济全球化。过去这几十年，我们改革开放形成的就是借助油气大贸易时代、全球贸易的时代，实际上一定程度通过油气的贸易和进口支撑着中国的经济发展。中国是全球第一大石油进口国，也是第一大天然气进口国，我们每年大概要进口5亿吨的石油和1600亿立方米的天然气，1600亿立方米天然气相当于2亿吨的石油，这么大的规模就是借助"一带一路"的贸易畅通大格局把消费市场和"一带一路"沿线国家的资源有效捆绑起来。

比如，最典型的就是我们和沙特阿拉伯的能源合作。2022年底，习主席亲自前往沙特阿拉伯出席中国–阿拉伯国家峰会、中国–海湾阿拉伯国家合作委员会（海合会）峰会并对沙特阿拉伯进行国事访问。沙特阿拉伯既是阿拉伯世界的大国，又是海合会的核心成员，还是石油输出国组织（OPEC）的领头羊，沙特阿拉伯是全球数一数二的石油出口国，它有资源，我们有市场，通过一种比较国际化的贸易方式，我们每年实际上从包括沙特阿拉伯为代表的全球的石油生产国和出口国进口5亿吨的石油，其中从中东地区的阿拉伯国家我们要进口2.7亿吨，超过进口总量的50%。

另外还有天然气，最近十年"一带一路"倡议提出以后，重点的合作国家是澳大利亚和卡塔尔。刚才说到了中国——中亚天然气管道，在天然气进口方

附 录
"一带一路"能源合作十周年高端对话访谈

面主要合作国家是土库曼斯坦、澳大利亚、卡塔尔，包括现在和美国，美国也已经是我们的十大天然气和LNG供应商之一。我记得特朗普执政后对中国开打贸易战，开始搞脱钩，但实际上天然气和石油这一块不仅没有脱钩反而更加强化了。据不完全统计，过去的两年时间我们中国能源企业和美国LNG出口商供应商签署了大小不等的大概有20个常约协议，一签就是10年、20年，这些协议累计每年如果全部能够履约的话，我们大概可以从美国进口2000万吨的LNG的总量。所以我们通过贸易畅通，无论美国愿意不愿意，他已经实质性地参与了"一带一路"的贸易畅通。包括澳大利亚，尽管有其他的方面我们不一致，但是在"一带一路"贸易畅通方面，包括铁矿石也是我们国家最大的一个出口国。通过贸易畅通，我们把世界连在一起，这个也是全球化的重要体现，也是改革开放这么多年经济全球化的一个重要标志。所以，贸易畅通背后实际上反映的是能源与金融的捆绑、通道的捆绑，这就是全球大宗商品的互联互通，是"一带一路"贸易畅通比较好的一个典型。当然还有其他领域的案例，宋老师您可以再补充补充。

宋周莺：从2013年到现在，中国与"一带一路"沿线国家的贸易额一直在不断地提高，中国和"一带一路"沿线国家的贸易联系也越来越紧密。总体来说，其实中国进出口贸易的商品格局都是在不断多元化、优化。从进口来看，能源一直是中国进口的主要产品，占比大概是32%。从"一带一路"沿线进口的所有产品里除了能源之外还有机械设备，机械设备是有一个现在全球产业链的原因，全球生产网络就是很多产品内贸，因为中国在"一带一路"沿线国家出口最大的产品门类也是机械设备。

进口第三类是各种金属、金属矿物。第四类就是一些橡胶，从我们出口来说最多的机械设备，在过去十年它的占比是35%。第二大出口主要是纺织服装、有色金属，和机械设备一样因为产业链比较长所以很多产品内贸易，进口出口都比较多就是这个原因。除了整体的贸易商品结构之外，其实从能源的角度来看，中国在2022年进口石油最多的国家基本都集中在"一带一路"沿线，像沙特阿拉伯、伊朗、伊拉克、卡塔尔、阿曼，包括安哥拉其实也是我们签约的国家，像我们进口天然气有液态的有气态的，如果从气态来看，几乎99%都是从"一带一路"沿线国家进口。除了石油、天然气之外，还有一些其他的能源，像风能、光伏发电，中国出口比较多的是马来西亚、越南、包括韩国都是我们"一带一路"签约的共建国家。除了这些之外还有风能，风能就是世界上风能设备或者说风力发电，越南、澳大利亚、智利、乌克兰、意大利都是我们在风能领域合作相对比较多的，也是沿线国家。我主要就补充这些。

陆如泉：在传统的油气领域我们是最大的进口国，但是随着能源转型和加速，在新能源领域我们现在成了最大的出口国，这也是另一种形式的贸易畅通。再谈谈资金融通，资金融通您研究得比较深入，有一些经典案例，您先谈谈关于资金融通的一些感悟和看法。

宋周莺：在资金融通领域，大家一开始能想到的就是"一带一路"构建的多边的金融合作网络，包括我们成立的亚洲基础设施投资银行（亚投行，AIIB），以及金砖国家新开发银行为代表的这些多边的金融开发机构。除了这些之外还有我们加速推进的中国—东盟银联体、上合组织银联体这些多边金融机构，这些也是我们在不断推进的。另外就是丝路基金、中非产能合作基金，我们国家有32个这种项目基金。

过去十年,特别是亚投行成立之后,它的成员国不断扩展,目前已达106个,是仅次于世界银行的第二大的国际多边开发机构。而且在过去十年它投资的领域很多都是能源、交通、通信、基础设施,都是跟我们能源合作密切相关的,这是第一个。

第二个就是咱们的中资银行还有保险业,包括一些民营资本不断参与"一带一路"的建设。根据金融业的行业报告,到2021年年底已经有11家中资银行在"一带一路"沿线国家设立了近80家一级金融机构,这些都为了我们能源或基础设施,包括民心相通一些合作项目提供了大量的资金支持。

第三是绿色金融,可持续发展是永恒的主题,我们国家在"走出去"的过程中,除了传统能源领域其实很多的资金流向都是新能源,包括推动沿线国家实现可持续发展。不管是我们的能源项目或者基础设施项目,它其实都是非常重视对当地资源环境的保护和民生问题的解决,所以绿色金融也是非常重要的一个亮点。总体来说,我们现在的资金渠道是不断扩展的,像能源领域早期就是三大石油公司,现在民营企业也开始陆陆续续走出去。

陆如泉:您刚才确实说得比较全面,关于资金融通我也有些感悟。我最近看了一些报告,我觉得现在中国的学者和一些西方学者对中国的在境外的融资,以及实体企业和金融机构怎么来配合,他们提出一个概念叫"patient capital",中文就叫"耐心资本"。这个什么意思呢,比如包括北京大学的林毅夫教授、中国人民大学的崔守军教授,以及美国的一位学者斯蒂芬·卡普兰教授,都称之为"耐心资本"。它有一个解释,它不是西方的追求快速的投入和投资回报,而是扎根当地,通过中国的政策性开发性银行,或者丝路基金、亚洲基础设施投资银行,为一些重大的项目进行融资。但是要找到一些比较好的实体经济项目做支撑，比如大型油气田的勘探开发项目做支撑，之后中方作为投资者或合作伙伴，我们有效地参与项目建设经营。长期扎根当地、服务当地，通过十年、数十年，甚至更长时间的运营，逐步改善双边关系，达到一个水乳交融的境界。这也是"一带一路"建设的一个独特的模式，不追求过高的投资回报，关键要实现长期的可持续发展。

比如中国—中亚天然气管道，这个项目累计投资已经将近300亿美元，因为它确实是世界上最大的跨境跨国通道之一，其中70%以上的投资是从国际和中国的开发性银行获得了贷款，再加上沿线各国的支持，再加上30年的合同期，项目的利润来自输送天然气收取的费用，基本上属于"固定回报"，没有获取超额利润。30年合同期到期以后，我们如果都有意愿，还可以再通过谈判进行延期。这就是典型的"耐心资本"模式，相当于通过资金融通和实体项目的捆绑实现项目的可持续发展，能够汇集"一带一路"的广大的国家和民众，这是一个比较不错的模式。

聊完了资金融通，我们再聊聊民心相通。这个世界上最重要的就是民心相通。现在一流的国家也是通过这个在展示国与国交往中实现文明交融、文化交流，用企业的话说叫作跨文化管理。

对于民心相通我先说一说我的一种感受。民心相通在企业的层面，因为我来自中国石油，我原来在海外项目工作过，我理解的民心相通，至少有这么几个表现形式，第一个就是要真正地换位思考，你要真正地站在别人的角度考虑问题，要有一种换位思考和利他主义的心态，如果你没有这样的一种心态，你是做不好民心相通的。另外就是要把民心相通实实在在地表现在几个方面，最大的民心相通叫当地化运营、本地化立足，英文叫localization。

我们经常提了一句话叫"思维全球化、行动本地化"，思考的时候一定是全球化思考，但是运营的时候一定当地化运营。当地化运营其实是为当地的发展谋福利，然后按照合同来运营。当地化运营更重要的一个表现就是当地的员工要在这个项目里面发挥重要作用，比如这个项目可能是一开始当地员工不掌握一些技巧技能，那么通过培训能够让他们变得合格，能够逐步地替代中方员工，我们现在一些工程服务项目的本地化率已经达到了85%，甚至我们一些投资项目最后就两到三名中方员工，也就是项目的总经理或财务总监是中方的，其他的上百位、上千位全都是当地化员工和国际雇员，所以说我们本地化比例能达到95%甚至98%。

民心相通的一个很重要的体现就是本地化，另外还有本地采购，作为投资者去了"一带一路"沿线国家以后，更多的是要与当地的承包商、供应商、服务商进行合作，采购他们的产品和服务，真正地融入当地，真正地为东道国谋发展，这是一个方面。

另外一个方面就是做好企业社会责任和ESG（环境、社会、公司治理），我们现在更要加强对环境的治理和能源转型，切实履行ESG责任。中国石油过去的十年是通过设立在项目公司的预算，设立一定额度的预算，专门用来进行可持续发展和企业社会责任的投资。每个项目都有严格的规定，比如打水井、建医院、培训当地化员工。过去十年，中国石油在"一带一路"的企业社会责任和ESG累计投入达到了3亿美元左右，惠及的人口在1000万左右，差不多解决了10万人的就业问题，这是个了不起的ESG成就。整个"一带一路"沿线国家，中国石油的能源合作确确实实架起了与当地化员工心与心的桥梁。就像习主席在第三届"一带一路"国际合作高峰论坛上提到的，我们不仅要有硬联通、软联通，更要有心联通。

以上是我的一些看法和思考，我想再听听您对于这方面的想法。

宋周莺：我刚好前段时间，看《人民日报》一个报道是关于中国石油在伊拉克哈法亚项目的故事，报道咱们先后组织三批大学生来到中国进行培训，培养了他们200多个高层次的石油人才，当地员工有1600多人，当地化率达到80%以上，这个是让我印象比较深刻的。我非常赞同您说的心联通，心联通一个方面就是设身处地为他们着想，不管是当地的医疗或者学校，其实走出去不仅仅是能源企业，不管是国企还是民营企业都越来越注重自己的企业社会责任。另外一方面我们是非常注重可持续绿色发展的问题，我们在走出去的过程中不管是能源勘采还是基建项目，包括产业园区等，我们都非常注重对当地生态环境的保护，包括植被的恢复、矿产开发之后后续的生态环境问题。第三个方面就是除了企业社会责任之外我们给当地提供了就业，带动了经济发展。

陆如泉：是的。"五通"确确实实是"一带一路"的重要内涵，也是今天讨论的一个重点。我们刚才聊了很多，从政策沟通到设施联通，再到贸易畅通、资金融通、民心相通，中国文化里有句话叫"通则不痛"，实际上就是中国人的一种哲学，我觉得这个哲学也是国际的最佳实践，我们"五通"先聊到这儿，下面进入下一个话题。

宋周莺："一带一路"倡议提出已经十年了，刚刚也提到了"一带一路"能源合作是"一带一路"建设非常重要的部分，中国石油作为能源合作的先锋，在过去十年有什么经验或者是一些启示能供未来十年参考的？

陆如泉：共建"一带一路"十年时间，实际上包括在"一带一路"倡议提出之前，中国石油就在"一带一路"沿线国家进行投资和工程服务等活动。比

附 录
"一带一路"能源合作十周年高端对话访谈

如最早获得"一带一路"节点国家的项目就是哈萨克斯坦，比如阿克纠宾油气田勘探开发合作项目，当然"一带一路"倡议提出来以后，我们借力"一带一路"的东风迅速在中东、东南亚等国家走深走实，既有大的项目，也有"小而美"的项目。

我总体感觉"一带一路"如果说我们有最大的经验和启示，我觉得最重要的有两个方面，一方面就是以实际行动在践行习近平主席提出的人类命运共同体、全球发展倡议、全球安全倡议和全球文明倡议。过去的十年，外部风险在不断地加大，如何使"一带一路"能源项目合作行稳致远。因为能源特别是油气它不是一种普通的商品，有时候是一种战略性的物资。基辛格说过："谁控制了石油，谁就控制了所有国家。"石油往往就是这个1%的经济和99%的政治，所以它是相对比较敏感的。我们这时候要更加注重互利共赢、互利多赢。实际上真正的构建人类命运共同体，求快速发展、稳健发展、有效发展的同时还要确保安全，还要防范各种各样的风险。最大的经验就是我们有效处理好了安全和发展的关系，以实际行动践行习主席提出的全球发展倡议和全球安全倡议。

还有一个方面，"一带一路"能源合作之所以开展得如火如荼，而且成为"一带一路"合作的主力军、领头羊，元首外交发挥了至关重要的牵引作用。无论是在中东，习主席2016年年初出访埃及、沙特阿拉伯、伊朗，2022年年底第二次前往中东，在沙特阿拉伯出席"三环峰会"，还是在中亚和俄罗斯，也是同样的，我们看到了习主席的"一带一路"足迹。比如2019年6月，习主席在出席俄罗斯圣彼得堡国际经济论坛的时候，见签了中国石油和俄罗斯同行合作开发的北极LNG这样一个总投资高达数百亿美元的特大型项目。另外习主席数次访问哈萨克斯坦，2021年9月在疫情期间参加在乌兹别克斯坦撒马尔罕召开的上合峰会，一定程度上均与能源合作相关。重大的能源合作项目向来都是党和国家领导人共同关切的对象。能源外交也是中国特色大国外交的组成部分。

企业层面，过去十年我们之所以做得还不错，比如中国石油现在"一带一路"沿线重点节点国家的油气权益产量当量每年能达到8000万吨以上，推动中国石油在综合规模实力上成为中国企业"走出去"的排头兵。特别是最近十年我们在瞄准高质量、高标准、惠民生、可持续的具体做法有一些经验和做法，这也是我和我的团队最近总结的，叫作"六化"。

第一个是全球化布局。多年来，中国石油本着实施跨国经营的理念，从全球的角度来识别机会，重点围绕"一带一路"节点国家开展投资环境分析、寻觅机会。然后是对重点项目、重点国别进行长期的跟踪，抓住了一些千载难逢的机会，扎实推动项目的落地，无论是兼并收购还是参加政府组织的一些招标活动，我们显得游刃有余。2017和2018年，我们在"一带一路"节点国家阿联酋连续取得了重大的突破，成功收购了阿联酋两个4000万吨级的油气当量项目的部分股权，有效参与了项目运营管理。阿联酋的突破使得我们在全球的重点油气投资国家上升至32个。这是我们运营全球化思维的典型体现。

第二个是差异化定位。一个国家一个策略，根据这个国家的能源合同模式、合同条款以及相关财税政策来确定项目的运营策略，一国一策。差异化定位还有个表现是发挥能源央企的比较优势，比如艰苦奋斗精神、石油精神和大庆精神铁人精神一直在海外发扬光大。我们还有人力资源优势，拥有一大批优秀的工程师、地质学家，并在实施"卓越工程师"计划，并且有低成本的优势，这也是我们的核心竞争优势，叫差异化的定位。

第三个是专业化管理。专业化管理主要体现在遵守国际惯例方面。我们做"一带一路"国际化经营、国际合作，要恪守国际准则，以专业化的方式来管理能源合作项目。比如大型的能源合作项目往往都是两方、三方甚至多方的合作，通过联合经营（Joint Venture）或联合作业（Joint Operating）形成的一种共同体，既然是共同体，那么既不是中方的管法，也不是印度或美国的方式，更多的是谋求共识，按照专业化的方式来管理。比如在项目公司治理上设立董事会、联管会，在公司的管理体系和工作机制搭建上都是按照专业化的方式在做。

第四个是项目化运营。因为海外资产是以项目的形式来呈现的，项目才是我们合作的主体。项目化运营就是在项目建设的时候我们要注重项目的进度、质量和投入之间的平衡，以既定的投资和预算，能够在既定的时间之内高质量、低成本地把项目建成。同时，项目化管理还体现一个方面，在项目的运营过程中严格按照合同来执行项目，以合同为宪法，包括从当地化用工、年度工作计划和预算、政府与社区关系沟通等，都是以项目公司为出发点和落脚点。

第五个是一体化发展。我们在过去的十年里面充分地发挥纵向一体化和横向一体化。纵向一体化就是对于像油气这种产业链，我们既有上游的勘探开发又有中游的管道和下游的炼厂还有销售，发挥国外的上游的资源与国内的炼化、销售之间的叫国内外一体化或者叫上下游一体化，这是纵向一体化的作用。同时我们还发挥横向一体化的作用，无论是当地的供应商、承包商、服务商还是国内的，发挥他们的协同优势，包括中国石油本身也是一家集投资和工程技术服务为一体的大型集团，我们内部也在发挥一体化的优势，主要的是降低管理成本，能够使得我们和资源国的利益最大化，这是一体化的发展。

最后一个是我前面提到的本地化立足。本地化立足就是立足当地，尽可能地雇用当地化的员工，尽可能地解决他们的就业和发展，为本地经济社会发展提供支撑，这也是一个比较好的心得。

总体而言，在整个过去的十年，我们在"一带一路"能源合作过程中凝练形成了全球化的布局、差异化的定位、专业化的管理、项目化的运行、一体化的发展以及本地化的立足这"六化"的运营管理模式，我想这个"六化"或多或少也是其他的能源企业，包括一些国际能源企业开展国际化经营的一些经验，也是我们共同的认识。我就先说这么多，宋老师您对这方面的体会是什么？

宋周莺：我非常赞同您说的几点，我从做研究的方面对您进行一点呼应。您刚刚提到的第一个高层的引导是我们比较重要的启示。刚刚提到在2017年5月首届"一带一路"国际合作高峰论坛的时候，我们发布了《推动丝绸之路经济带和21世纪海上丝绸之路能源合作愿景与行动》，其实这个愿景与行动提到了七个重点的合作领域，包括加强政策沟通，加强贸易畅通，加强能源投资合作，加强能源产能合作，加强能源基础设施互联互通，推动人人享有可持续能源，完善全球能源治理结构。在过去十年，不管是三大石油企业还是民营企业在能源领域走出去其实都是在七个大的领域框架下来进行的，所以高层的引导是非常重要的。

第二个是您刚刚提到的市场化的导向和国际化的运作。我看了您团队出的书，其实我们的企业从1993年就走出去了，一直到"一带一路"后期我们的企业都是一个慢慢融入全球化的过程。我们不断地进行国际化运作，去适应沿线国家的制度、文化的环境，所以市场化导向和国际化运作是非常重要的。国有企业包括民营企业走出去，已经越来越多地去适应国际规则、沿线国家的制度、文化环境，这都是一个国际化的过程。

附 录
"一带一路"能源合作十周年高端对话访谈

第三个跟第二个也是密切相关的，我觉得在企业走出去过程中最重要的一点也是一定要注意的就是沿线国家与我们国家在制度、文化方面的差异。我们在国内的运行模式不一定适合在沿线国家来进行，刚刚您也提到了"一国一策"，我们国家其实缺少一个"地理大发现"的过程，对沿线国家的了解相对来说还是比较少的。像自然资源或者说地表的信息，我们现在能通过遥感卫星技术来获取。但是当地的制度文化包括文明宗教都是我们需要很长时间去经营才能了解的，所以"一国一策"是非常重要的，一定要适应当地的制度文化环境，这是第三个。

第四个就是您刚刚提到的合作模式。其实我们过去十年"一带一路"项目不仅仅是能源项目，在走出去的过程中从EPC开始到后来的EPC加运行、加投资到后来的投资建设运营再到后面的PPP模式，就是社会政府和社会合作的模式。其实我们也不断地探索既适合中国又能融入沿线国家的模式。在过去十年，我们探索出来的这种项目的运行模式是非常重要的，我想我能呼应一下您的就是这四点。

陆如泉：好的，那我们进入下一个话题。关于"一带一路"能源合作的展望。我们前面说到了十年的发展可圈可点，取得了举世瞩目的成就，"一带一路"也由此成为全球最大的经济合作平台，取得了各方面的成果。那么在能源合作这一领域展望未来的话，下一步有哪些机遇和挑战，我先谈谈我的想法。

我觉得"一带一路"下一个十年，整个大环境上讲，中国目前举起了对外开放和全球化的大旗，我们是义不容辞的。那么能源合作的未来发展，一个是深度，一个是广度，还有一个是新度，我想用三个"度"来形容一下。

所谓深度就是现有的一些成熟的，比如合作了几十年的石油和天然气领域可以再纵深发展。所谓的广度就是除了石油和天然气，未来的核电走出去，电力项目走出去，还有一些能源的基础设施广度也得加大，包括战略规划的对接也算是未来面临的新的机遇。所谓的新度实际上就是指在能源转型的时代我们有完全不同的领域了。

具体而言，深度就是怎么进一步走深走实，有这么几个维度。第一个是原来更多的从事的陆上常规石油和天然气的勘探开发，下一步要突破海洋，在深水和超深水这块领域能够有所发展，而且现在已经如火如荼。像中国海油和中国石油联合参与的巴西海域深水和超深水项目。业界把1500米水深以下的都叫超深水，这一类型油气田的勘探和开发就是一个新的领域。再比如中国石化、中国石油等企业和国际同行，在阿根廷和俄罗斯等国探索开发一些非常规油气，如页岩油气，这个也是走深走实的一个方向。虽然都是在油气领域，但是在往深度方面拓展。还有一个维度是经过十年甚至二十多年的发展，我们"一带一路"地区的合作开发已经落地生根，到现在第一个合同周期已经结束了。因为油气项目合作的合同周期通常是20年或者是25年，第一个合同周期结束以后，我们联合合作伙伴和东道国政府进行谈判，谈判项目合资延期的问题，使得我们能够顺利地进入第二个周期，这个也是往深度方向发展。

至于广度，我想一会儿宋老师您补充的时候可能比我谈得更透，比如我们在核能——中国和哈萨克斯坦的核能项目，比如水电项目还有电力项目，电力项目最典型的就是国家电网有限公司在巴西投资运营的"美丽山"±800千伏特高压直流项目，成了巴西部分地区供电和配电的主力军，也就是从原来的更加集中于重视油气再往其他的领域去发展，这是广度。

还有新度，实际上一目了然，第一个就是我们在能源转型的一个时代如何从传统的化石能源转向非化石能源。这一领域业务量前景非常好，比如地热的

附 录
"一带一路"能源合作十周年高端对话访谈

合作,比如中国石油在肯尼亚的地热合作项目,我们下一步还会在印度尼西亚这些国家发展地热。第二个是氢能,氢能的发展现在是如火如荼,而且氢能也是全世界公认的具有标志性的一种燃料来提供动力和能量,还可以作为一种储能载体,所以氢能的发展大家都比较看好。中国企业现在正在和阿联酋和沙特阿拉伯商议,能源转型的过程中他们需要中国商业模式的技术支持和投资。我们国家在发展氢能的时候也需要更多的外部投资进来,带来一些国际先进的理念,在氢能的发展是一个很重要的领域。第三个是还有一个技术叫CCUS,就是碳捕集、利用和封存,这个也是将来在"一带一路"地区具有极大合作空间的领域。因为油气的时代终将过去,但是石油和天然气依然有用处,比如它们可以作为原料满足人们的生活需求,使用油气就要释放二氧化碳,如果能够通过技术和商业模式的改进把油气中的碳给捕集、利用和封存起来,这也可以让中国在"一带一路"合作项目的广度得到拓展。目前我们在哈萨克斯坦、俄罗斯、巴西的一些重大的石油和天然气的勘探开发能够把碳降下来,而碳捕集、利用和封存是一个比较好的领域,这个领域发展起来的话,人类将来就会很顺利地从石油和天然气过渡到风电光伏。作为一家油气公司,在油气生产运输消费环节把碳降下来,通过负碳技术创造碳汇,也是"一带一路"将来重大的机遇所在。

另外,在能源转型已经开启的时代,油气这一传统能源项目也可以和光伏等新能源项目一起进行"嵌入式"发展。比如法国道达尔能源公司,美国埃克森美孚公司,他们现在就是采用技术创新在传统的油气田或者传统的煤炭开采的过程中赋予新的光伏发电、风电,这样就是采用将非化石能源"嵌入"化石能源项目的模式,进行一体化的协同发展,未来也是一个风口。比如我们现在和伊拉克进行的一些未来的合作谈判,我们正在瞄准这样一种模式,使我们美美与共。油气项目基本上都是大中型或特大型的，动辄就是上亿美元甚至数十亿美元的投资。一个光伏发电或者是风力发电，它是小而美的，其实这里的大项目、小项目是可以结合在一起的。这也是我们将来"一带一路"的风口和"一带一路"能源合作的机遇和潜在的平台。不知道您对这方面还有没有什么新的考虑或者想法。

宋周莺：您刚刚讲的其实已经非常全面了，从深度、广度和新度三个角度，其实我们都提到过一个比较大的机遇，因为"一带一路"本身就是能源资源非常富集的地方，它储量很丰富，它的合作前景的基础非常好。从最传统的油气资源来看，油气资源最富集的"特提斯地质带"其实就在"一带一路"沿线，包括世界上十大油田有六个在沿线国家，阿拉伯盆地、西西伯利亚盆地等都是世界级的超级盆地；天然气也呈现同样的特征，都是储量比较富集的地方。像土库曼斯坦、伊朗、卡塔尔都是我们重点合作的国家，但是像委内瑞拉这种，它的油气储量很丰富，但是目前它不是我们非常重要的进口国，这是不是也是一种合作机会。它的油气资源储量很丰富，技术当量或者经济当量都很大，但是我们跟它的合作还没有那么深入，这些也是未来可以拓展或者深入的国家或地区。

再就是您刚刚提到的新能源我非常赞同，我觉得未来应该是一个多能互补的局面。现在风能、太阳能光伏、核能和氢能已经慢慢开始发展起来，特别是新能源技术。其实我国从现在的新能源汽车就可以看出来，我国新能源技术在全球是比较领先的，这样提升可再生能源的比重，在未来是非常必要的。就以核能为例，核能非常重要的一个原料是铀，铀矿在全球储量比较高的是澳大利亚、哈萨克斯坦、加拿大、俄罗斯和纳米比亚，我们就是跟哈萨克斯坦合作。

附 录
"一带一路"能源合作十周年高端对话访谈

哈萨克斯坦是世界上铀矿储量第二、产量第一的国家，我们跟哈萨克斯坦不管是油气或者是铀这种矿物质进口的贸易联系是非常紧密的，未来前景也是很丰富的。除了铀之外，核能还有一些核电设备，我们的主要贸易伙伴是西方的发达国家，像法国、美国，当然还有俄罗斯、哈萨克斯坦，还有小部分是加拿大和德国。其实未来的能源合作，一些传统资源、油气资源可能在沿线国家，像新能源，特别是技术上的，我们跟发达国家的合作也是不可避免的。这是刚刚您说到的广度的一点儿补充。

另外，合作前景就是我们与"一带一路"沿线国家建立了多个自贸区，不管是投资协定还是自贸区，未来都能为"一带一路"能源合作提供非常大的帮助，包括过去几年我们与"一带一路"沿线国家已经签署了非常典型的区域全面经济伙伴关系协定（RCEP）、大量的自贸协定、双边投资协定、认证经营者（AOE）协议。这些都能为我们未来的能源合作提供基础，包括国际能源中心的建立，不管是国内还是国际上的已经建立或者已经签署的合作文件都是未来能扩大能源合作的非常重要的方面。

陆如泉：您刚才谈到了更宏大的层次，包括铀矿还有一些矿产资源的开发。说到这儿我想起来能源转型的时代，比如储能电池用了一些关键矿产，对于关键矿产的有效利用和国际合作也是将来可以合作的一个方向。"一带一路"还是欢迎欧美的企业来加入，通过联合经营的方式为全球的能源转型做出一些贡献。其实中美之间可以合作，中美两国的企业可以在第三方市场进行投资，就是围绕未来的能源开发和利用，以及在今后矿产方面的合作开发。比如有些国家矿产非常丰富，像拉丁美洲有个"锂三国"，智利、阿根廷、玻利维亚，这三国的锂矿资源量在全球占比超56%，若叠加澳大利亚，其合计资源量占全球比例将超过65%。近日，据拉丁美洲媒体报道，这三巨头正在草拟一份文件，以推动建立一个锂矿行业的"欧佩克"，在锂矿价值波动的情况下达成价格协议。在"一带一路"走深走实的过程中，是不是还可以和国际一流同行联合开发，着眼于新能源发展的一些矿产的利用，这也是一个非常好的机遇。

宋周莺：深度的方向上，还有下游炼厂，因为沿线国家也是不断地鼓励自己的炼化产业的发展，这种下游炼厂全产业链的发展其实也非常适合您刚刚说的，一个是深度，一个是广度。

陆如泉：共建"一带一路"是我们的大机遇但也是大风险，所以我们瞄准未来这样一个越来越不确定的外部环境，"一带一路"的能源合作面临哪些主要的风险和挑战，我想请您先谈谈。

宋周莺：我觉得"一带一路"在未来能源合作中的风险有几个方面，第一个是地缘政治风险，第二个是油价、汇率等经济风险，第三个是运输通道的安全风险，第四个是关于沿线国家政策法律的合规风险。

第一个就是地缘政治风险。在过去几年以美国为代表的西方国家对我国整体的围堵，从2017年的中美贸易战开始对我国的围堵是呈上升态势的，在这种情况下，一方面美印日澳等国家打造的印太战略，其实让我国周边的地缘政治形势不断恶化，包括我们南海的形势。从我国周边的地缘形势看，西部方向，中亚有一些比较激进的团体还有极端的组织，带来了比较复杂的地缘政治形势；南部方向，刚刚您提到的中缅油气管道，它是一个第三方市场合作的油气管道，但其实美国和日本都在不断加强对中南亚的管控。对我国在南边来说地

附 录
"一带一路"能源合作十周年高端对话访谈

缘形势也是不断地复杂，另外除了刚刚提到的北边和南边，还有一些国家不断地调整自己的能源资源、矿产资源出口的一些政策。例如像印度尼西亚就禁止镍矿的出口，缅甸禁止一些稀土的出口，这些都是沿线国家政策的变化对我国的能源或者矿产资源合作的影响。其实随着美国的战略围堵，澳大利亚是我们比较重要的能源资源的合作国，其大规模的停止进口比较典型的就是2022年6—7月份从澳大利亚进口的焦煤量几乎降为零，这就是一个比较直接的反应。

第二个就是油价下跌和汇率波动等经济风险。其实随着国际形势的变化特别是乌克兰危机的发生，对整个国际的能源包括粮食等大宗商品市场价格影响是非常大的。俄罗斯是全球最大的石油和天然气出口国之一，乌克兰也是世界上最大的粮食出口国之一，10%的小麦都是从那里出口，所以乌克兰危机对整个国际大宗商品价格影响是非常大的，油价剧烈波动，包括沿线汇率的变化，对我们未来的能源合作是一个挑战。

第三个就是刚刚说到的运输通道的安全风险。运输通道风险刚刚您已经提到了，就是中国跟中亚的天然气管道、中缅的油气管道、中国跟俄罗斯的东线管道。其实中国的管道不管是东北、西边还是北边，总体来说这些管道是安全的，但是我们也要注意乌克兰危机发生之后大量的中欧班列已经停止过境俄罗斯和乌克兰了，这条线（中欧班列）未来会怎么样，随着乌克兰危机的形势变化存在不稳定性。另外，我们从乌克兰危机吸取的另外一个经验教训，是不是可以看一下被炸的北溪管线，跨境管道的安全也是需引起要我们注意的。

第四个就是重点国家的法律法规。其实我们刚刚已经提到过就是"一国一策"，我们对沿线国家的了解是非常少的，因为像地表能看见的东西我们现在通过卫星遥感技术都能获取，但是这个国家的文化、制度、政治体制、政府换届带来的波动，这些政治风险包括一些腐败的问题，都是我们走出去的企业或者能源项目合作方需要特别注重的。发达国家的企业在20世纪七八十年代甚至更早就已经走出去了，此前他们都有一个"地理大发现"的过程，对很多发展中国家的风土人情了解得比较透。我们国家是缺少这个过程的，我们对沿线国家很多人文社会的了解相对比较少，这样就导致政治法律风险的上升。我们团队做了"一带一路"绿色丝绸之路的决策支持系统里面对"一带一路"沿线国家的一些风险进行了分析，包括社会稳定性的风险、社会复杂性、宗教民族、冲突事件、债务风险，因为"一带一路"沿线很多国家的负债率是很高的，包括国际收支平衡表可能一直是迟滞的，还有咱们的投资环境方面的，我们对八个方面的风险都进行了分析。这些风险的识别和评估对这个国家总体的评估是非常重要的，主要就是这四个方面。

陆如泉： 好的，非常全面。宋老师已经谈到了我们的地缘政治风险，然后是价格和汇率的风险，还有政局的问题，而且确实中科院在地理地表这一块有专门的模型在进行评估。另外我再做一点补充，在当前或未来的时期，我们"一带一路"面临着"四期叠加"情况。第一是百年未有之大变局加速演进。第二是百年未有之大瘟疫还没有真正结束。我们都知道疫情实际上有所反复，还没有真正停止。第三是乌克兰危机，它是二战以来在欧亚大陆爆发的最严重的一种地缘政治危机。第四是百年未有能源大转型，因为从工业化时代开启，煤炭成为世界消耗的主要能源目前已经过去一百多年了，而我们这一次的能源大转型是史无前例的，从化石能源要彻底往非化石能源转变，新的能源产业可能还没有大规模起来，但是旧的就要退出历史舞台，这是我们面临的一个大环境。我说的可能有一点儿夸张，但是也确实给我们带来了不确定性增大的挑战。

附　录
"一带一路"能源合作十周年高端对话访谈

具体到"一带一路",因为我们和美国战略博弈在加剧,甚至用战略对抗形容也不为过,有可能"一带一路"这些重点节点国家在美国极限施压的情况下会面临选边战。有可能原来是我们一个比较好的合作伙伴,在美方的极限施压下会做其他选择,这使"一带一路"建设或者导致中方处于不利的地位,当然我们不希望这种情况发生。

今年3月份,我和团队去了一趟美国,和美国的智库同行,包括布鲁金斯学会、CSIS（美国战略与国际问题研究中心）做了一些交流,我们认为气候变化与能源转型是双方可以合作的一个领域。在中美贸易战、科技战加剧过程中,美国的一些重大调整导致一些不确定风险外,能源合作可能正式成为双方的一种纽带,这是"危中见机"的一个侧面。另外,由于中美之间的战略对抗,我们的一些正常国际化的行为美国会通过"长臂管辖"、治外法权这样的工具,利用它所谓的《反海外腐败法》来打压我们的"一带一路",破坏"一带一路"正常的合作,破坏我们的一些资金往来和资金流动。这也是一个重大的风险。

另外还有一个风险是在能源转型和乌克兰危机持续的情况下,我们的互联互通。您刚才提到中欧班列,虽然我们也担心中欧班列横跨欧亚大陆,但是在欧亚大陆能够有效地进行连接。在乌克兰危机持续演进,目前还看不到结束的迹象的情况下,爆发了大规模的冲突和战争,实际上对"一带一路"的伤害是不言而喻的。我们本身想让欧亚大陆互联互通,正好在欧亚大陆爆发了不确定性事件,对"一带一路"也产生了重大的影响。

当然还有一些,比如我们走出去过于仓促,我们经验不充分,我们如何与当地的社会组织和利益相关者,包括如何与带有西方背景的或者是当地的NGO（非政府组织）打交道,包括与媒体怎么打交道,可能也是我们需要补的一些功课。因为我们走出去的经验还不是特别充分，我记得中缅油气管道在建设和运营过程中遭遇了很多干扰，好在我们采用一种相对比较透明的管理方式，我们发布了缅甸的国情报告，邀请当地居民到项目公司和现场进行参观，采用一种面对面公开的交流方式，得到当地的理解，有效地化解了风险，所以说这也是一种"识危见机"吧。

现在，更严重的事件发生在中国石油海外项目上，像苏丹这次"4·15"武装冲突。4月15日苏丹国内爆发了军事冲突，对我们的项目投资和运营产生非常大的干扰，导致我们现在不得不撤出所有的中方员工。目前，苏丹已经接近全面内战的边缘。另一个角度讲，我们在当地的资产和安全遭遇了重大的威胁，面临这样突发性黑天鹅事件、政治动荡的时刻，如何有效地保护我们的资产和安全，这也是我们面临的一个重大的风险。

我们继续下一个话题，"一带一路"的能源合作现在要讲究高质量发展，高质量发展的要求是习近平主席在2018年召开的"一带一路"建设工作5周年座谈会上首次提出的，后来习主席多次强调高质量发展。对于如何在能源合作中体现高质量发展，宋老师您有什么见解？

宋周莺：其实习主席在2021年11月第三次"一带一路"建设座谈会上对于"一带一路"高质量发展做出了一定的指示，一个是共商共建共享这个原则，还有高标准、可持续、惠民生的目标，推动共建"一带一路"高质量发展不断取得新成效。他提到了健康、绿色、数字、创新这几个新的领域。我在想，未来的"一带一路"能源合作是不是比较重要的是围绕习主席提出来的高质量发展的目标还有新的领域可以做更多的工作。

第一就是绿色方面，未来能源、"一带一路"能源合作如何体现绿色，

附 录
"一带一路"能源合作十周年高端对话访谈

我觉得这是我们非常值得思考的问题。2020年12月，国务院新闻办公室发布的《新时代的中国能源发展》白皮书第七条也提到了中国要践行绿色发展理念，所有的合作都要，它还提到了要实现能源安全。所以在未来绿色方面是比较重要的，因为大家都知道全球包括联合国提出的《联合国2030年可持续发展议程》是一个非常重要的目标。在绿色方面比较重要的包括绿色技术、各种可再生能源，清洁能源或者说多能互助发展，还有可持续发展或者说能源的新技术，不管是国内的研发或者当地的转移示范都是另外一个方面。还有一些绿色的基建、绿色产业、绿色技术、绿色金融。另一方面还是围绕习主席提到的绿色创新，创新可能更多地在未来的能源合作领域要发挥我们新能源技术装备产业的优势，促进各类新能源走向国际，包括各种国际清洁能源项目的落地、我国清洁能源技术标准的国际融合，和国际的对接。像光伏产业，我国是世界上光伏产业发展最好的国家之一。还有储能技术，它是未来能源合作创新非常重要的方面。因为刚刚您其实在上一个环节提到了碳捕集的问题，储能技术和碳捕集其实是相互补充的两个领域，储能技术可以为未来电网、不同阶段的工序结构、响应的支撑提供大量的服务。

第二就是刚刚提到的一些核电、风能、光伏、地热这些新能源领域的技术的研发创新，或者说如何把他们做得更朴实化。因为大家都知道在电网里这种新能源是有一定比重的，要不然对电网的影响会比较大。未来如何提升这种新能源的技术，提高新能源的稳定性，结合前面的储能技术，保障它的稳定供应都是非常重要的一块。

第三就是刚刚提到的健康和数字。健康和数字其实跟能源合作相对没有关联那么强，但是在"一带一路"能源合作领域数字还是有必要的，不管是电子商务或者是互联网，以及我们未来面向能源的线上培训，这些方面都是我们可以开展的重点领域。

第四就是安全，我们国家发布2020年《新时代的中国能源发展》白皮书也提到了能源安全，能源安全是比较重要的。首先因为油气资源对外的依赖性很强，像原油对外依赖程度超过70%，天然气超过40%，煤炭的压舱石作用还是要继续发挥。其次，对于油气资源，它的进口多元化、稳定性、运输通道的安全，都是未来比较重要的。其中还提到了大量风能、太阳能、地热、氢能、核能这些新能源的补充组成一个多能互助、比较安全的能源结构是非常重要的。另外，在未来如何体现高质量发展，除了刚刚提到的四个，还有一个是风险防控。其实习近平总书记在第三次"一带一路"建设座谈会上也强调了风险防控，"一带一路"能源富集的这些国家特别是油气资源富集国家，很多其实都存在地缘的不稳定因素，我们对沿线国家这种因素及时了解和掌控都是非常必要的。不管是社会的还是政治的，或者说是政权变更带来的，民族宗教文化跟我们不一样的地方，都是我们需要注意的，包括他主权信用的稳定度、债务风险和投资环境。另外，还是想呼吁一下未来"一带一路"能源的合作其实不仅仅是能源合作，就未来"一带一路"能源合作领域其实我们已经提到了风险防控，我们对沿线国家不了解，在未来不管企业或者学界，其实都应该加强对"一带一路"国别地理的研究。

我们只有去了解它才能制定更好的合作计划，包括规则的对接，包括硬联通、软联通、新联通，其实都是建立在相互了解的基础上。我们对沿线很多国家的了解还是相对不够的，过去几十年这些出国的留学生文化交流学习大部分还是跟西方发达国家，包括外语，语言上的人才也都是以英语、德语、法语为主，沿线国家一些小语种方面的人才我们还是很匮乏的，主要是这些方面。

陆如泉：您刚才从各个角度讲到贯彻落实习主席提出的要求，非常全面。高标准、惠民生、高质量、绿色清洁可持续，确确实实高质量是"一带一路"下一步合作的主旋律。我记得习主席在2021年11月份第三次"一带一路"建设座谈会提出来要处理好五个关系，在这样一个外部环境要瞄准高质量的话就要处理好五个关系。第一个是统筹发展和安全的关系，我们原来更多是发展为先，但是现在要强调安全的兜底作用，能源合作也是这样，避免再出现像苏丹这样一种重大的突发性不可抗力事件，这种时候我们保障了人身的安全但是没有保障我们的资产安全。第二个就是统筹好国内和国际的关系，打通内外的能源产业链。要进一步建立国内外上下游一体化，也是聚焦于新发展理念。两条产业链，增加油气和能源合作产业链的韧性。第三个要处理好合作和斗争的关系，实际上我们不是完全的竞争，我们希望合作，我们希望求同存异。很多时候我希望你和我不一样，我们吸收彼此的优点，在合作和斗争中找到双方的共识，这个也很重要。第四个是统筹好存量与增量的关系。目前，传统能源是我们存量资产、存量合作，那么下一步增量合作在哪里，可能更多的是新能源，是非化石能源的合作，包括电动汽车储能，碳捕集与封存（CCS）和碳捕集、利用与封存（CCUS）。第五个是统筹整体和重点的关系，要不断地优化我们的资产布局，不断地优化业务结构，实现整体利益最大化和局部利益最优化。具体到更多的是宏观的视角，五个关系，能够确保高质量的发展。

下一步就是根据我们的经验，从企业的视角来看，高质量首先得有个合理的回报，不能说亏损的项目你也叫高质量，那是不对的，是违背常识的。要有一个稳定的回报和现金流，能够确保这个项目可持续发展。有时候我听很多专家在谈这个项目创造多少岗位也好，为当地做了多少贡献也罢，可持续发展做得很好，ESG做得很好，我又问了这个项目到底赚不赚钱，他不说话了。所以一个获得现金流和净利润的项目能够确保你更好地做好企业社会责任和ESG，这不是本末倒置。既然我们是国际合作项目，不能赔本赚吆喝，项目还是要有盈利的，要在事前要做好评估、商务谈判和调查；事中要做好高质量的建设；事后要抓好高质量运营，获取合理的投资回报，确定利益相关方的诉求得到满足，高质量发展必然要有合理的回报做支撑。

另外，高质量发展意味着必须提升国际化的经营能力、国际化的运营管理能力、打造全球化的运营管理体系来降低成本。有正确的战略，从企业的成本及正确的战略和到位的经营策略，不断地提升你的国际化经营能力，通过能力来拓宽合作领域，这也是高质量发展很重要的部分。你要有金刚钻才能把瓷器活揽到手。

下面就是在能源安全和能源转型的大背景下，还是"一带一路"着眼于未来合作方向的不断拓宽，未来从区域合作角度讲，重点的方向和领域您觉得还会有哪些？

宋周莺：我们分区域大概说一说，比如亚太地区，东南亚、澳大利亚，包括对面的美国、加拿大。譬如澳大利亚，它的油气资源是非常丰富的，包括铀矿、核能发电。在这个区域里，东南亚是中国最大的贸易伙伴，甚至超过了欧美。如果"一带一路"的统计范围是64个国家，它的占比已经超过了42%。在未来能源合作也是"一带一路"合作中重要的一部分，在未来与东南亚的合作是非常重要的，不管是油气方面还是风能、太阳能方面。另外，澳大利亚也是我国过去几年非常重要的能源资源进口国，跟澳大利亚的关系特别是在现在这种环境下，如何演变也是我们未来需要注意的。还有，东南亚的风能是很丰富的，未来在风电方面是否有合作的机会，也是可以探讨的。

附 录
"一带一路"能源合作十周年高端对话访谈

第二个就是中亚俄罗斯地区，是油气资源最富集的地方，像哈萨克斯坦、土库曼斯坦、俄罗斯，是我国天然气和石油合作最大的国家之一，包括哈萨克斯坦是在核能领域和全球铀矿产量最高的国家，储量是全球第二，产量是全球第一。如果未来在核能领域发展，跟哈萨克斯坦的合作是否可以进一步提升。另外，因为中亚和俄罗斯是高纬度地区，风能、太阳能这种光伏发电领域合作机会是比较少的，所以更多集中在传统能源领域。

关于第三个中东地区，刚刚提到了是油气资源最富集的地方，整个国家发展比较依赖于能源资源的出口，像沙特阿拉伯等阿拉伯国家都陆陆续续发表了自己的能源战略，像阿联酋就是要大规模降低油气能源占比，要把可再生能源的比例提高到44%，这样未来我们跟中东地区可再生能源的合作机会是非常大的。

第四个是关于拉丁美洲，其实我们合作比较多的是巴西和委内瑞拉，是我们在能源合作领域的两个大国，未来在传统能源领域也可以继续发展。委内瑞拉天然气储量非常大，但是我们的合作没有像中亚地区那么紧密，另外由于气候条件，它的风力发电前景非常好，是我们未来可以拓展的，包括巴西的铀矿在核能发电领域储量非常丰富。

另外就是非洲，非洲的经济发展相对很多国家比较滞后，中国给它提供了大量的资金和技术支持，带动了当地的发展，在这种情况下双方关系是非常紧密的，在传统能源领域其实可以进一步合作，另外非洲撒哈拉沙漠地区太阳能资源非常丰富，未来也可以进一步开发。总体来说，在"一带一路"领域除了目前能源合作比较多的中东、中亚俄罗斯，其他地区在传统能源领域和可再生能源领域是否可以继续发展，因为现在全球的能源发展转向都是不断地提高可再生能源的比例，主要就是这些方面。

陆如泉：好的。谈得非常全面。我们的能源合作，尤其是油气合作的这几个主要合作区，您都谈到它们的一些差异化特点和重点的合作领域和方向。实际上包括中国石油在内，我们在海外各个区域的发展上也有自己的定位，比如对于中亚俄罗斯，我们叫"做优中亚俄罗斯"，我们觉得中亚俄罗斯已经相对比较成熟了，下一步我们如何进一步地优化。现在对于中东我们叫"做大中东"，因为我们觉得中东无论是现有的传统的油气合作，还有新能源这一块，在能源转型的背景下，中国现在成为全球最大的油气买方和能源合作对象，它们也在向中国倾斜，这个增量还是有的，蛋糕还可以再进一步做大，我们叫"做大中东"。比如非洲，我们叫"做强非洲"，像安哥拉、南苏丹、尼日利亚、乍得、莫桑比克、刚果（金）这样的一些国家，实际上我们要进一步地做实，把一些双方领导人达成的协议进一步落实到项目上去，再进一步地做强。其次是拉丁美洲。拉丁美洲更多的是谈到了巴西，巴西的铀矿、油气发展，巴西有超深水项目，委内瑞拉有超重油项目，它是一种特殊的能源，包括其他能源，我们叫"做特拉美"。最后一个就是亚太地区，亚太地区是我们最大的贸易合作伙伴，我们还要进一步做强做实亚太地区的合作，包括清洁能源这一领域。

在大环境更加不确定的情况下，如果真正的多边主义践行起来有难度的时候，可以搞一些"小多边"机制，比如"1+n"模式，我觉得能源合作完全可以，在上合的框架下怎么来推动能源合作，在金砖框架下怎么来推动能源合作，在中国中亚"C5+1"峰会这一块怎么加强进一步的能源合作，就是在多边机制这一块进一步来推动。能源合作未来还是可期的，可以大有作为。

宋周莺：其实您刚刚提到了各种机制，我们其实在政策沟通的环节提到过，像亚太经合组织有专门的可持续能源中心，中国跟阿拉伯国家有清洁能源培训中心，中国和中东欧有国家能源项目对话与合作中心，以及中国跟非洲国家的能源伙伴关系。多利用这些中心持续推行这种机制，后期进一步深化都是非常重要的。

陆如泉：好的。总结一下，我们今天围绕共建"一带一路"六个方面的问题探讨得很深入，有来有往，我谈我的观点然后您做补充，您谈到很多的观点我来做补充。所以说我们今天"一带一路"的深度合作和交流，如果最后用几句话来总结一下"一带一路"能源合作，我觉得叫"大道之行、天下为公"。"一带一路"虽然是"带"和"路"，但是也是中国的道，我们要行大道，道法自然，要自然而然地推动"一带一路"，要以小见大。"一带一路"是大道，但是很多时候，除了通过宏伟叙事讲好大项目的故事，我们还要贯彻习近平主席提出的"小而美"要求，处理好大和小的关系，我们要注重"小关系"的培育，要关注"一带一路"的"小人物"，要做好"一带一路"的"小项目"，要深入"一带一路"的小地方。只有这样，在宏观和微观两个层面，来推进"一带一路"建设更加地行稳，走深走实。希望未来的10年共建"一带一路"更加美好，"一带一路"的能源合作也更加美好。

宋周莺：就像您开始提到的，我们那本《"一带一路"建设案例研究：包容性全球化的视角》一旦用案例研究，基于包容性全球化视角，我们团队一直认为"一带一路"是一个国际探索新型的国际合作模式。包容这两个字就是体现了不管是对沿线国家文化的包容、道路的包容、发展的包容，包括互利共赢，能源合作是人类社会发展的重要物质基础，在这个包容性全球化的框架下加强"一带一路"能源合作，有利于带动更大范围、更深层次、更高水平的区域合作。对于"一带一路"来说是非常重要的一个环节，也能体现"一带一路"共商、共建、共享原则，促进我们与沿线国家互利共赢的环节。所以我觉得在未来的10年，在推进"一带一路"建设的过程中，能源合作还是非常重要的一个环节。

陆如泉：所以说包容性发展，你好我好大家好，美美与共、和谐发展才是"一带一路"的阳光大道。我们希望"一带一路"走深走实，更加高质量、更加包容、更加和谐。今天我们的对话就到这里，谢谢宋老师。

宋周莺：谢谢。

跋
POSTSCRIPT

美西方不断提出对冲"一带一路"的方案，侧面证明了该倡议正确且必要

共建"一带一路"倡议实施十年来，在全球引起了巨大反响。"一带一路"已成为全球最大的经济合作平台，是当前及今后一个时期中国对外开放和对外合作的"管总规划"，也是中国扛起全球化大旗的核心支撑。

与此同时，共建"一带一路"倡议实施一直伴随着美西方和印度等国家的抹黑和攻击。"债务陷阱论""新殖民主义论""构筑地缘政治阵营的工具"等各种论调不绝于耳。共建"一带一路"倡议这十年没少挨骂，特别是近几年，不仅挨骂，美西方还在加紧构建对冲"一带一路"建设的"B计划"，从"打嘴仗"转为"拼刺刀"，连续构筑对冲"一带一路"建设的战略方案和计划。这些方案和计划细数起来大致如下。

对冲方案之一：全球基础设施与投资伙伴关系（PGII）计划

全球基础设施与投资伙伴关系（PGII）是一项以美国为首的七国集团（G7）根据蓝点网络（BDN，Blue Dot Network）的信任原则为发展中国家的基础设施项目提供资金的计划。它被认为是七国集团对中国"一带一路"倡议的

反击，也是"拜登主义"的重要组成部分。

该伙伴关系计划于2022年6月在德国举行的第48届G7峰会期间首次公布。美国战略与国际研究中心（CSIS，美国著名战略智库）的一篇文章称，PGII是拜登总统在英国第47届G7峰会上宣布的"重建更美好世界"（B3W）倡议的重新包装版。

对冲方案之二：蓝点网络（BDN）计划

蓝点网络是由美国、日本和澳大利亚等多方利益相关者发起的一项倡议，旨在对全球基础设施开发项目的财务透明度、环境可持续性和对经济发展的影响等方面进行评估和认证，目的是动员私人资本进行海外投资。该项目最初由美国国际开发金融公司（DFC）、日本国际协力银行和澳大利亚外交贸易部领导。

2019年11月4日，美国副国务卿基思·克拉奇在印太商业论坛上与澳大利亚和日本同行正式启动了蓝点网络，并获得了美国国际开发金融公司提供的600亿美元资金。克拉奇在能源、基础设施和数字倡议方面发布了三项重大相关声明，包括美国发布的一项新的多边基础设施倡议、签署一项100亿美元的协议以加强日美战略能源合作伙伴关系，以及在印太地区推动数字驱动经济增长的计划。在所有三个经济支柱方面，克拉奇副国务卿与美国-东盟商务理事会和美国商会进行了接触，体现了美国在建立一套全球信任标准方面的积极努力。

2021年6月7日，经合组织（OECD）在法国巴黎举行的执行磋商小组会议上承诺支持蓝点网络。

对冲方案之三：重建更美好世界（B3W）倡议

2021年6月12日，七国集团（G7）宣布通过"重建更美好世界"（B3W）倡议，该倡议以蓝点网络的进展和原则为基础，旨在对抗中国的"一带一路"倡议，以解决发展中国家到2035年所需的价值约40万亿美元的基础设施资金。该倡议旨在促进私营部门为中低收入国家的优质基础设施提供资金，并鼓励私营部门投资支持气候、卫生和健康安全、数字技术、性别公平与平等。

2022年6月26日，在德国举行的第48届七国集团峰会上，该倡议重新启动并更名为全球基础设施与投资伙伴关系。

2023年5月20日，在第49届G7峰会期间，举行了全球基础设施与投资伙伴关系会外活动。发布了包括"七国集团全球基础设施与投资伙伴关系概况介绍"在内的三份文件。

正如"新加坡论坛"的主席尼古拉斯·菲尔兹利（Nicolas Firzli）指出的，"拜登总统领导的美国政府已成功说服其在巴黎、柏林、罗马和东京的合作伙伴，建立一个以价值观为导向、影响力大且透明的基础设施合作伙伴关系，以对抗中国的"一带一路"倡议。但这一计划姗姗来迟。"他补充道，"中国已经在土木工程、建筑、高铁和可再生能源等领域确立了稳固的地位、较低的成本和卓越的技术能力。"

对冲方案之四：全球门户（Global Gateway）倡议

全球门户（Global Gateway）倡议是欧盟在一定原则基础上投资基础设施项目和建立经济伙伴关系的一项全球战略。该项目由欧盟委员会发起，由主席冯德莱恩提出。它是目前欧洲战略自主计划的一部分，也是为欧洲及其合作伙伴建立更大、更民主和更可持续的贸易网络的一部分。该倡议也被视为中国"一带一路"倡议的替代品或竞争对手，欧盟领导人对中国的"一带一路"倡议提出了严厉批评，因为该倡议存在"侵犯人权的问题、经济风险、不利因素和片面的贸易关系"。冯德莱恩表示，欧盟希望鼓励联系，而不是依赖。截至2022年12月，"全球门户"因未能提供项目的具体细节和大量借鉴现有计划而受到批评。

作为其贸易关系的一部分，欧盟将"全球门户"视为更好地与全球伙伴进行贸易和投资的机会。该倡议也是对北约、欧盟、美国和其他密切相关的七国集团（G7）国家与中国长期系统性竞争的回应，目的是对抗中国日益增长的政治和经济影响力。在第47届G7峰会上，与会领导人同意启动该投资倡议，以应对"一带一路"倡议。推出"全球门户"的另一个原因是气候的恶化，欧盟认为解决这一问题非常重要。因此，该倡议也被称为"全球欧洲绿色协议"，意指欧盟的"欧洲绿色协议"以及通过该机制加强应对气候变化。

对冲方案之五：印度—中东—欧洲经济走廊（IMEC）

2023年9月9日，美国总统拜登、印度总理莫迪和二十国集团（G20）一些领导人宣布计划建设一条大型铁路和航运走廊，即所谓的印度—中东—欧洲经济走廊（IMEC，India–Middle East-Europe Economics Corridor）。IMEC将由连接印度与阿拉伯湾的东部走廊，以及连接阿拉伯湾与欧洲的北部走廊组成。

该计划还包括一条补充现有海上和公路运输线的铁路干线。据称，该计划将复原印度的"香料之路"，通过铁路和港口，让中东国家与印度相连，以更少的航运时间、更低的价格和更节能的方式，实现海湾国家和欧洲之间贸易、能源的流通。明眼人一看便知，IMEC的始作俑者是印度和美国，试图以古印度的"香料之路"对冲"丝绸之路"。

这些方案计划的推出,一方面将会构成与"一带一路"倡议的直接竞争,至少给需要外来投资的欧亚大陆国家、东南亚国家以及其他广大发展中国家提供了另一种选择,即便这些计划方案更多是"雷声大雨点小",说多做少;另一方面,这些方案计划也证明了美西方国家对基于"一带一路"的中国实力和影响力提升表示严重关切和担忧,导致它们必须"如法炮制"一个类似的方案和"一带一路"倡议展开竞争。而这不恰恰证明了"一带一路"倡议的伟大和正确吗?如果"一带一路"倡议在欧亚大陆或"全球南方"国家的实施效果有限,美西方国家还会反应这么激烈吗?

根据笔者的观察,"一带一路"倡议实施十年来,至少有以下五方面的比较优势是美西方国家所不具备的。

一是来自中国的"母国市场优势"。推进实施"一带一路",其核心原动力来自中国这个大市场,来自中国经济在过去几十年的强劲表现,来自中国的世界工厂和制造业中心的地位,来自"中国速度""基建狂魔"等种种称谓,来自超大规模的基础设施建设能力,来自中国这一全球最大能源消费国和进口国的吸纳能力。即便近几年中国的经济发展速度有所下降,但其增量规模依然占据全球经济增量的四分之一左右。所以,"一带一路"倡议最大的成功要素不是别人,而是中国本身。这也意味着,下一个十年,"一带一路"建设要继续取得成功,前提是中国经济必须继续保持活力和动力。

二是中国企业在"一带一路"地区独特而有吸引力的投资建设和运营管理模式。笔者在本书前面的章节里曾经指出,这一模式的核心就是"耐心资本",即采用中国开发性银行(或国际多边开发银行,如金砖国家开发银行、亚投行等)的贷款(融资)支持+中资企业在当地基于实体经济合作项目的支撑

+中方有效参与合作项目运营管理+通过项目建成运营后获得的收入进行投资回收+合理的投资回报（收入的主体部分由东道国政府获得）+在当地长期运营的"耐心资本"模式。这一模式与美西方投资模式的最大区别在于，美欧企业关注的核心是快速投资回报和及时交易，中国企业的关注点在于"项目全生命周期的运营"，将投资回报与长期运营相结合。

三是中华文明里的拼搏奉献、吃苦坚韧、克己奉公、恪尽职守的文化因素发挥着关键作用。无论多偏远多艰苦的地区，无论风险多大的国家，无论多么不友好的外部环境，中国企业和中国人总是能够找到办法扎根当地，我们有一大批高素质的技术和管理人员在"一带一路"地区"冒着千难万险安全前进"，并能够成功融入当地社区和当地社会。战火纷飞的伊拉克、苏丹是这样，刑事犯罪高企的拉丁美洲国家是这样，安全风险高企的巴基斯坦也是这样。相较而言，美欧企业已经派不出这样的人才进入上述这些国家工作了。

四是中国企业"旗舰出海"式的全产业链优势。这种优势表现在，能够为东道国某个产业提供"整体解决方案"的能力，而且是在短期内就能够实现的。比如，中国石油（CNPC）在短短两年左右的时间就分别帮助苏丹、乍得、尼日尔、土库曼斯坦等国家建立起覆盖全产业链的上下游一体化的现代石油石化工业体系。其背后是中国企业的产业链优势和一体化协同运作的优势。这也是西方教科书（如迈克尔·波特的《竞争战略》）常常提及的"系统锁定"和"整体解决方案"优势，这是我们的核心竞争优势。

五是中国的信息服务、移动互联和新能源产业优势。这种优势特别体现在近十年来，以华为、TikTok、腾讯和阿里巴巴为代表的一批信息服务、网络通信和移动互联企业在世界舞台上的突出表现，以及以宁德时代、比亚迪等为代表的新能源产业、电动汽车的强劲发展和出口，给一批发展中国家和"一带一路"沿线国家提供了示范，这些产业对于它们而言有着巨大的吸引力。

以上五大比较优势是美西方的替代方案难以比拟的。我们一定要有这个战略自信。只要我们保持战略定力，持之以恒地做好"一带一路"建设的政策沟通、设施联通、贸易畅通、资金融通和民心相通，在充分借鉴国际最佳实践的同时，把我们的比较优势充分发挥出来，共建"一带一路"想不成功都难。

祝愿共建"一带一路"倡议在第二个十年甚至更长的时间继续乘风破浪、造福全球。

本书写作过程中，得到中国石油国际部高级专家姚睿女士、苏敏女士，中国人民大学许勤华教授、刘旭副教授和袁淼博士，中国石油大学（华东）的徐小峰教授、邓忆瑞副教授，对外经济贸易大学董秀成教授、董聪副教授的指导与帮助。在此一并表示感谢。

由于水平有限，若有谬误甚至低级错误之处，均由著者陆如泉承担，同时恳请读者提出宝贵建议。

参考文献
REFERENCES

1. bp. Statistical Review of World Energy (bp-stats-review-2022-all-data; bp-stats-review-2022-full-report) [R/OL]. (2022-6-25) [2022-11-10] https://www.bp.com/en/global/corporate/energy-economics/statistical-review-of-world-energy.html.

2. EIA. Country Analysis Executive Summary: Kazakhstan[OL]. [2022-11-20] https://www.eia.gov/international/overview/country/KAZ.

3. EIA. Country Analysis Executive Summary: Russia[OL]. [2022-11-15] https://www.eia.gov/international/content/analysis/countries_long/Russia/russia.pdf.

4. Afa' anwi, Ma' abo Che. Comparing the Effects of Chinese and Traditional Official Finance on State Repression and Public Demonstrations in Africa. Johns Hopkins Policy Brief, 2020(51).

5. Arctic Council Sustainable Development Working Group. Arctic Energy[OL]. (2019-03-04) https://www.sdwg.org/wp-content/uploads/2016/04/ArcticEnergyReport-2009.pdf.

6. Brahma Chellaney. China's Debt Trap Diplomacy[OL]. Project Syndicate, 2017-01-23. https://www.project-syndicate.org/commentary/china-one-belt-one-road-loans-debt-by-brahma-chellaney-2017-01.

7. Byrne J, Kurdgelashvili L, Poponi D, et al. The potential of solar electric power for meeting future US energy needs: a comparison of projections of solar electric energy generation and Arctic National Wildlife Refuge oil production[J]. Energy Policy, 2004, 32（2）: 289-297.

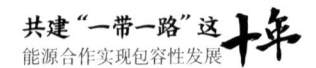

8. Carmen M Reinhart, Kenneth S Rogoff. Growth in a time of debt[J]. American Economic Review, 2010, 100(2): 573-578.

9. Charles Ebinger, John P Banks, Alisa Schackmann. Offshore Oil and Gas Governance in the Arctic: A Leadership Role for the U.S.[OL]. (2019-03-04) [2022-11-15] https://www.brookings.edu/wp-content/uploads/2016/02/Offshore-Oil-and-Gas-Governance-web.pdf. 2019-03-04.

10. Cheryl Payer. The Debt Trap: The IMF and the Third World[M]. New York: Monthly Review Press，1975.

11. Deborah Brautigam, HUANG Yufan, Kevin Acker. Risky Business: New Data on Chinese Loans and Africa's Debt Problem[J]. Johns Hopkins Briefing Paper, 2020(3).

12. Deborah Brautigam. A Critical Look at Chinese 'Debt Trap Diplomacy: The Rise of A Meme[J]. Area Development and Policy, 2020, 5(1): 1-14.

13. Denali Daniels and Associates，Inc. National stractegy for the Arctic Region-ten year renewable energy plan[OL]. (2019-03-04) [2022-11-20] https://www.energy.gov/sites/prod/files/2015/04/f21/NSARDraftPlan_v6.pdf. 2019-03-04.

14. Dienes L. Observations on the problematic potential of Russian oil and the complexities of Siberia[J]. Eurasian Geography and Economics，2004，45（5）: 319-345.

15. Eurasia Group report for The Wilson Center，Washington，D.C.. Opportunities and challenges for arctic oil and gas development[OL]. (2019-03-04) [2022-11-22] https://www.wilsoncenter.org/sites/default/files/Artic%20Report_F2.pdf. 2019-03-04.

16. Gnezditskaia A. "Unidentified shareholders"：the impact of oil companies on the banking sector in Russia[J]. Europe-Asia Studies，2005，57（3）: 457-480.

17. Greg Poelzer, Gunhild Hoogensen Gjørv, Gwen Holdmann, et al. Developing Renewable Energy in Arctic and Sub-Arctic Regions and Communities[OL]. (2019-03-04) [2022-

12–02] https://Renewableenergy.Usask.Ca/Documents/Fulbrightarcrenewableenergy. Pdf. 2019–03–04.

18. Heinrich A. Under the kremlin's thumb: does increased state control in the Russian gas sector endanger European energy security?[J]. Europe–Asia Studies，2008，60（9）: 1539–1574.

19. James Henderson, Julia Loe. The Prospects and Challenges for Arctic Oil Development[OL]. (2019–03–04) [2022–12–03] https://www.oxfordenergy.org/wpcms/wp–content/uploads/2014/11/WPM–56.pdf. 2019–03–04.

20. Jiang Y. Competitive Partners in Development Financing: China and Japan Expanding Overseas Infrastructure Investment[J]. The Pacific Review, 2019, 32(5): 778–808.

21. Karen P Y Lai，Shaun Lin, James D Sidaway. Financing the Belt and Road Initiative（BRI）: research agendas beyond the 'debt–trap' discourse[J]. Eurasian Geography and Economics, 2020, 61(2): 109–124.

22. Kevin Acker, Deborah Brautigam, HUANG Yufan. Debt Relief with Chinese Characteristics[J]. Johns Hopkins working paper, 2020(39).

23. Koh King Kee. 斯里兰卡汉班托塔港问题的真相 [N]. 北京周报，2018–09–29.

24. Kotchen M J, Burger N E. Should we drill in the Arctic National Wildlife Refuge: An economic perspective[J]. Energy policy, 2007, 35(9): 4720–4729.

25. Luca Bandiera, Vasileios Tsiropoulos. A Framework to Assess Debt Sustainability under the Belt and Road Initiative[J]. Journal of Development Economics, 2020, 146:1–20.

26. Osherenko G. Property rights and transformation in Russia: Institutional change in the Far North[J]. Europe–Asia Studies, 1995, 47(7): 1077–1108.

27. Rutland P. Putin's economic record: Is the oil boom sustainable?. Europe–Asia

Studies[J], 2008, 60(6): 1051–1072.

28. Sagers M J. The regional dimension of Russian oil production: is a sustained recovery in prospect?[J]. Eurasian Geography and Economics，2006，47（5）：505–545.

29. Sagers M J. Developments in Russian gas production since 1998: Russia's evolving gas supply strategy[J]. Eurasian Geography and Economics，2007，48（6）：651–698.

30. Smith J M. China's Investments in Sri Lanka: Why Beijing's bonds come at a price.[OL] (2016–05–23). [2022–12–05] https: / www. Foreignaffairs. com/articles/china /2016–05–23/chinas–investments–sri–lanka.

31. Stammler F, Peskov V. Building a "culture of dialogue" among stakeholders in North–West Russian oil extraction[J]. Europe–Asia Studies, 2008, 60(5): 831–849.

32. The World Bank. Belt and Road Economics: Opportunities and Risks of Transport Corridors[R]. Washington: World Bank, 2019.

33. XU Shaomin, LI Jiang. The Emergence and Fallacy of "China's Debt–Trap Diplomacy" Narrative. China International Studies. 2020(2): 69–84.

34. И.Ф.Глумов，朱佛宏. 俄罗斯大陆架的油气潜力：发展和利用前景[J]. 海洋石油，2004（1）.

35. 安迅博石油天然气研究部. 中国 LNG 接收站行业报告：2023 年 2 季度 [R/OL]. (2023–07–06). https://www.sohu.com/a/695021120_121713412.

36. 刘英. "一带一路"并非"债务陷阱"[J]. 中国金融，2019（6）：81-82.

37. 任静茹，张宗斌. 驳斥"一带一路"建设"债务陷阱论"[J]. 人民论坛，2019（16）：82-83.

38. 钟飞腾，张帅. 地区竞争、选举政治与"一带一路"债务可持续性：剖析所谓"债务陷阱外交"论[J]. 外交评论，2020（1）：20-64.

39. 邱煜, 潘攀. "一带一路"倡议与沿线国家债务风险：效应及作用机制 [J]. 财贸经济, 2019（12）：96-111.

40. 金刚, 沈坤荣. 中国企业对"一带一路"沿线国家的交通投资效应：发展效应还是债务陷阱 [J]. 中国工业经济, 2019（9）：79-97.

41. 郭建峰, 杨治廷. 中国对外直接投资与"一带一路"沿线国家负债水平关系研究 [J]. 江西社会科学, 2019（8）：39-51.

42. 程群. 浅议俄罗斯的北极战略及其影响 [J]. 俄罗斯中亚东欧研究, 2010（1）：76-84.

43. 崔守军, 焦玉平. 中国对拉美国家开发性金融合作研究 [J]. 中国人民大学学报, 2020, 34（3）：151-162.

44. 东方财富网. 低碳转型，中国石油天然气行业迈向高质量发展阶段 [EB/OL].（2020-04-28）[2020-04-28]. https://caifuhao.eastmoney.com/news/20200428134227152815520.

45. 董跃, 刘晓靖. 北极石油污染防治法律体系研究 [J]. 中国海洋大学学报：社会科学版, 2010（4）：14-18.

46. 高凌云, 肖宇. 国家能源集团国际化现状、问题与对策分析 [J]. 全球化, 2019（04）：99-111, 136.

47. 高伟. 华为公司战略管理浅析 [J]. 西部皮革理论与研究, 2019（12）：56.

48. 光明网. 助力双循环：进博会上现"签约潮" [EB/OL].（2020-11-09）[2020-11-09]. https://m.gmw.cn/baijia/2020-11-09/34351904.html.

49. 郭建峰, 杨治廷. 中国对外直接投资与"一带一路"沿线国家负债水平关系研究 [J]. 江西社会科学, 2019（8）：39-51.

50. 摩根索. 国家间政治：权力斗争与和平(第七版)[M]. 徐昕, 郝望, 李保平, 译.

北京：北京大学出版社，2006.

51. 何瀚玮，蒋键. 美国制裁对中国芯片上市企业创新绩效影响研究 [J]. 现代管理科学，2022.2（1）：106-114.

52. 何奇松. 气候变化与欧盟北极战略 [J]. 欧洲研究，2010（6）：15.

53. 胡颖，刘营营."一带一路"沿线国家外债风险评价及启示：基于31个沿线国家的数据分析 [J]. 新疆财经，2020（1）：62-71.

54. 李靖宇，詹龙龙，马平. 中国开发海上东北航道的战略推进构想 [J]. 东北财经大学学报，2014（2）：43-50.

55. 李小松. 打造"绿色丝绸之路"的石油力量：中国石油推进海外业务绿色低碳发展综述 [OL]. 中国石油报，2023-08-14. https://baijiahao.baidu.com/s?id=1774194153435148241&wfr=spider&for=pc.

56. 李艳芳. 斯里兰卡外债问题的生成逻辑与争议辨析 [J]. 国际展望，2020（1）：100，108-130.

57. 林毅夫，王燕. 新结构经济学下的国际援助与合作简评：以非洲发展为主要视角 [J]. 中国非洲学刊，2020（1）：22.

58. 刘睿，王建良，李弩，等. 新时代下油气行业高质量发展内涵与实现路径 [J]. 煤炭经济研究，2021（1）：43-49.

59. 刘卫东."一带一路"建设案例研究：包容性全球化的视角 [M]. 北京：商务印书馆，2021.

60. 刘新华. 试析俄罗斯的北极战略 [J]. 东北亚论坛，2009，18（6）：63-69.

61. 卢光盛，马天放."一带一路"建设中的"99年租期"风险：由来、影响及应对 [J]. 亚太经济，2020（1）：5-15.

62. 陆俊元. 中国在北极地区的战略利益分析：非传统安全视角 [J]. 江南社会学院

学报，2011，13（4）：1-5.

63. 陆岷峰，徐阳洋. 经济双循环背景下中小企业的机遇、挑战与成长的着力点[J]. 观察思考，2021（1）：73-82.

64. 陆如泉."一带一路"油气合作经验浅析[J]. 国际石油经济，2018（9）：47-53.

65. 吕仁红. 中海油海外企业文化建设中的跨文化管理实践[J]. 企业改革与管理，2017（4）：180-181.

66. 秦亚青. 权力·制度·文化[M]. 北京：北京大学出版社，2005.

67. 人民日报."后疫情时代"油气田企业如何寻找机遇，破局突围？[EB/OL].（2020-10-05）[2020-10-05]. https://www.163.com/dy/article/FO6UGAOT05509P99.html.

68. 央视新闻. 斯里兰卡将汉班托塔港经营权移交中国[OL].（2017-12-09）. http://m.news.cctv.com/2017/12/09/ARTINuzjNkQC7JNUYBaNvAN4171209.shtml.

69. 苏铭，张有生. 能源安全评价研究评述[J]. 浙江社会科学，2012（4）：126-132.

70. 皮凯蒂. 21世纪资本论[M]. 巴曙松，译. 北京：中信出版社，2015.

71. 王碧瑶，牛春燕. 化工企业合并的发展趋势：以中化集团与中国化工为例[J]. 经济师，2019（9）：277.

72. 王林. 中国—中亚深化能源全产业链合作[N]. 中国能源报，2023-05-29.

73. 王微微，高珊珊，姚怀国. 中石油国际化经营面临的问题与策略探讨[J]. 对外经贸实务，2022（1）：5.

74. 王玥，张景瑜. 你不会还不知道中石油在伊拉克的那些事儿吧？[OL]. 中国石油报，2022-12-27. https://baijiahao.baidu.com/s?id=1753379124265483553&wfr=spider&for=pc.

75. 温灏，沈继奔．"一带一路"投融资模式与合作机制的政策思考 [J]．宏观经济管理，2019（2）：54-61．

76. 吴全，沈珏新．中国石油海外天然气业务发展策略浅析 [J]．国际石油经济，2019，27（10）：16-21．

77. 许少民，李江．"中国债务陷阱外交论"的发展及其谬误 [J]．国际问题研究，2020（1）：40-53．

78. 杨晨．华为公司发展战略调整趋势及其对国内石化公司的启示 [J]．当代石油石化，2016（03）：35-39．

79. 杨晨曦．我国周边跨界油气管道运营安全威胁及策略 [J]．科教文汇，2015（35）：188-190．

80. 殷新宇．央企走出去：深化合作 互利共赢 [N] 人民日报，2021-03-22．

81. 袁淼．"一带一路"国别研究：斯里兰卡社会与项目投资报告 [M]．北京：中国社会科学出版社，2020．

82. 张利娟．推进高质量发展，打造世界一流"大粮商"[J]．中国报道，2022（03）：64-65．

83. 张宁．塔吉克斯坦主权债务可持续性及其对"一带一路"的影响分析 [J]．北方论丛，2021（1）：34．

84. 张胜军，李形．中国能源安全与中国北极战略定位 [J]．国际观察，2010（4）．

85. 张晟南．国际能源政治格局：一场没有硝烟的争夺战 [J]．国土资源，2007（11）．

86. 张帅，储斌．"债务陷阱"与"债务危机"的发展逻辑：兼及"一带一路"参与国经济体系的开放性 [J]．东南亚研究，2020（4）：87-109．

87. 张玉清．"一带一路"油气合作高质量发展思考 [OL]．新华社客户端，(2019-08-03). https://baijiahao.baidu.com/s?id=1640827695810989480&wfr=spider&for=pc.

88. 赵锡军. "一带一路"上的融资风险与应对思路[J]. 金融市场研究, 2019（07）: 19-32.

89. 郑双喜, 刘申奥艺, 李丰, 等. 中国石油企业工程技术服务海外业务高质量发展路径探讨[J]. 国际石油经济, 2022, 30（07）: 14-21.

90. 钟飞腾, 张帅. 地区竞争、选举政治与"一带一路"债务可持续性: 剖析所谓"债务陷阱外交"论[J]. 外交评论, 2020（1）: 38.

91. 钟飞腾. "一带一路"的机制化建设与进展评估[J]. 中国国际战略评论, 2019（01）: 48-67.

92. 舟丹. 中国石油建设世界一流综合性国际能源公司的战略目标[J]. 中外能源, 2021, 26（02）: 95.

93. 周丽华. 吉尔吉斯斯坦外债: 俄罗斯经济危机背景下的隐患[J]. 新疆财经, 2017（2）: 56-64.

94. 邹志强. 北极航道对全球能源贸易格局的影响[J]. 南京政治学院学报, 2014, 30（1）.

95. 马里奥特, 米尼奥－帕卢埃洛. 黑丝路: 从里海到伦敦的石油溯源之旅[M]. 黄煜文, 译. 北京: 三联书店, 2017: 2-30.